GOLDMANN
ARKANA

Paul McKenna

Ein neues Leben in 7 Tagen

Erfahren Sie die
Strategien erfolgreicher
Menschen für
ein erfülltes Leben

Aus dem Englischen
von Burkhard Hickisch

GOLDMANN
ARKANA

*Ich widme dieses Buch
meinen Eltern, die mir mehr gegeben haben,
als ich immer dachte.*

Ich möchte meinen Kollegen, meinen Klienten
und meinen Studenten für ihre Beiträge zu diesem
Buch danken.
Mein besonderer Dank gilt Richard Bandler,
Michael Neill, Michael Breen, Diana Beaver,
Doug Young, Clare Staples und Mike Osborne.

Umwelthinweis:
Dieses Buch wurde auf chlorfrei gebleichtem Papier gedruckt.
Die Einschrumpffolie (zum Schutz vor Verschmutzung)
ist aus umweltfreundlicher und recyclingfähiger PE-Folie.

1. Auflage
Deutsche Erstausgabe
© 2005 der deutschsprachigen Ausgabe
Wilhelm Goldmann Verlag, München,
in der Verlagsgruppe Random House GmbH
© 2004 Paul McKenna
Originaltitel: Change Your Life In 7 Days
Originalverlag: Bantam Press, London
Lektorat: Anja Schmidt
Satz: Barbara Rabus
Druck und Bindung: GGP Media GmbH, Pößneck
Printed in Germany
ISBN-10: 3-442-33739-9
ISBN-13: 978-3-442-33739-2

www.goldmann-verlag.de

Inhalt

Einleitung 7

1 *Erster Tag*
Wer bist du wirklich? 19

2 *Zweiter Tag*
Eine Gebrauchsanweisung für dein Gehirn 43

3 *Dritter Tag*
Die Kraft der positiven Perspektive 81

4 *Vierter Tag*
Was erträumst du dir vom Leben? 113

5 *Fünfter Tag*
Gesundheitliche Grundlagen 149

6 *Sechster Tag*
Wie du dir genügend Einnahmequellen erschließt .. 181

7 *Siebter Tag*
Glücklich und zufrieden bis an dein Lebensende ... 221

Ausblick
Verändere dein Leben Woche für Woche 249

Einleitung

Das Buch, das du gerade in deinen Händen hältst, hat das Potenzial, dein Leben grundlegend zu verändern.

Du glaubst mir nicht? Dann geht es dir wie vielen Menschen, denen ich geholfen habe, sich ihre Wünsche zu erfüllen. Sie fragten sich am Anfang, wie dies möglich wäre, und waren am Ende vollkommen überrascht. Dir kann es ebenso ergehen. Unterschätze nicht die Kraft, die im systematischen Aufbau dieses Buchs liegt. Ich verspreche dir: Es wird dein Leben verändern!

Es ist kein Zufall, dass manche Menschen Glück und Erfolg haben und andere nicht. Glück und Erfolg sind vorhersagbare Resultate, die durch bewusstes Denken und Handeln zustande kommen. Im Laufe der nächsten sieben Tage werde ich dir zeigen, wie du dein Denken und Handeln selbst bestimmen kannst. Glück und Erfolg sind untrennbar miteinander verbunden – frag den Misserfolg!

Kann ich mein Leben wirklich in sieben Tagen verändern?

Die Teilnehmer meiner Seminare sind immer wieder erstaunt, wenn Ängste und Phobien, an denen Menschen ihr ganzes bisheriges Leben lang gelitten haben, schon nach wenigen Mi-

> *»Immer, wenn du glaubst, dass du etwas kannst oder nicht kannst, hast du wahrscheinlich Recht.«*
>
> HENRY FORD

nuten verschwinden. Auf die gleiche Weise lösen sich »tief sitzende Probleme« nach ein paar Tagen auf. Die Seminarteilnehmer sind erstaunt, obwohl sich die meisten an eine Zeit erinnern können, in der sich ihr Leben von einem Moment auf den anderen verändert hat. Vielleicht geschah es, indem sie eine wichtige Information erhielten oder eine besondere Person trafen und wussten, dass ihr Leben nicht mehr dasselbe sein würde.

Hier ist der Grund, warum eine Veränderung so schnell eintreten kann:

Einschneidende Veränderungen geschehen meistens in unserer Wahrnehmung und nicht in der Außenwelt.

Und wir können unsere Wahrnehmung von einem Moment auf den anderen verändern.

Der Mythos, dass es lange braucht, um sich zu verändern, existiert bereits seit hundert Jahren – seit die Psychoanalyse nach Freud zur vorherrschenden Methode in der Behandlung psychosomatischer Krankheiten geworden ist. Dieser Annahme liegt schon eine gewisse Ironie zugrunde, denn in der Psychoanalyse geht es gar nicht darum, die Menschen wirklich zu heilen. Sie sollen nur besser verstehen, warum sie so sind, wie sie sind. In meiner Arbeit geht es jedoch nicht nur darum, sich selbst zu verstehen, sondern sich auch wirklich zu verändern!

Einleitung

Manchmal kann schon eine kleine Veränderung große Auswirkungen haben. Stell dir zum Beispiel zwei Straßen vor, die sich bis ins Unendliche erstrecken. Auf der einen fährst du und auf der anderen eine andere Person. Stell dir nun vor, dass die eine Straße ein wenig von der anderen abweicht. Auf den ersten Kilometern scheint sie parallel zur anderen zu verlaufen, aber schließlich landet ihr beide an zwei ganz verschiedenen Orten.

Die Methoden dieses Buchs berücksichtigen den neuesten Forschungsstand. Sie bieten nicht nur die aktuellste Software, sondern liefern deinem Körper und deinem Geist auch gleich ein völlig neues Betriebssystem.

Jeden Tag wirst du kleine Veränderungen vornehmen, Veränderungen, die du zuerst gar nicht bemerkst. Aber je weiter du in diesem Prozess voranschreitest, desto mehr wird dir bewusst, welche Fortschritte du gemacht und wie sehr du dich bereits verändert hast.

Denn eins sollte dir klar sein: Alles, was du sieben Tage lang kontinuierlich tust, wird dich in der einen oder anderen Weise beeinflussen. Meine Methode unterscheidet sich von anderen darin, dass die Techniken, die du in diesem Buch lernst, in dir auch dann weiterarbeiten, wenn du sie nicht mehr bewusst benutzt. In den nächsten sieben Tagen wird das, was du tust, eine Welle der Veränderung in deinem Leben in Bewegung setzen, die sich nach und nach auf jeden Lebensbereich ausweitet. Es dauert zwar seine Zeit, bis ein Öltanker in Schwung kommt, aber sobald er genügend Fahrt aufgenommen hat, ist es schwer, ihn wieder zu stoppen.

Jahrhundertelang haben Menschen geglaubt, es sei unmöglich, die Meile unter 4 Minuten zu laufen. Aber dann, am 6. Mai 1954, hat Roger Bannister das getan, was alle großen Pioniere tun – er hat das Unmögliche geschafft.

Als ich Dr. Bannister traf, sprachen wir darüber, wie erstaunlich es war, dass im selben Jahr, als er unter 4 Minuten lief, noch siebenunddreißig weitere Läufer unter dieser Marke blieben. Im folgenden Jahr durchbrachen sogar sage und schreibe dreihundert Läufer die für unverrückbar gehaltene Grenze.

Die hellsten Köpfe hatten eine solche Leistung nicht für möglich gehalten, und ihr Glaubenssatz war zu einer sich selbst erfüllenden Prophezeiung geworden. (Einige anerkannte Wissenschaftler hatten sogar behauptet, der menschliche Körper würde *explodieren*, wenn er dazu gezwungen würde, die Meile unter 4 Minuten zu laufen!)

Es bedurfte nur eines einzigen Gegenbeispiels – einer Person, die bewies, dass das scheinbar Unmögliche möglich war –, und schon konnten alle anderen diese Möglichkeit für sich selbst in Anspruch nehmen.

Der menschliche Geist lernt, indem er verallgemeinert. Ein Kind lernt beispielsweise, dass eine Tür aufgeht und sich wieder schließt. Der Geist verallgemeinert diese Erfahrung und wendet sie fortan auf alle Türen an.

Es spielt dabei keine Rolle, ob das Lernen auf angenehme oder schmerzhafte Weise vor sich ging. In den nächsten sieben Tagen werden wir uns die negativen Verallgemeinerungen anschauen, die du in Bezug auf die Welt gemacht hast und sie durch positive Überzeugungen ersetzen.

Meine Geschichte

Schon bald nachdem ich die Schule hinter mir gelassen hatte, begann ich mich für persönliches Wachstum zu interessieren. Es dauerte nicht lange, und ich hatte jedes Selbsthilfebuch gelesen, jede Technik ausprobiert und all das Gelernte auf mein eigenes Leben angewendet. Mit dem Resultat, dass sich mein Leben auf dramatische Weise verbesserte. Nachdem ich die Techniken benutzte, die ich dir mit diesem Buch nahe bringen will, steigerte sich mein Selbstvertrauen, mit meinen Finanzen ging es bergauf, ebenso mit meiner beruflichen Laufbahn. Außerdem gingen die Menschen fortan besser mit mir um. Es dauerte nicht lange, und ich wurde wohlhabend und berühmt und führte ein aufregendes Leben. In diesem Buch sind die besten Methoden enthalten, die ich benutzte, um mir das Leben zu erschaffen, das ich heute führe.

Ich möchte dir helfen, eine größere Kontrolle über dich und dein Leben zu erlangen. Seit 1985 arbeite ich an einem revolutionären System für persönliches Wachstum, das bei jedem Menschen funktioniert. Das einzigartige Erfolgssystem, das ich dir auf diesen Seiten vorstellen möchte, ist inzwischen so ausgereift, dass sich schon vom ersten Tag an grundlegende Veränderungen in dir vollziehen werden.

Das Beste an diesem System ist, dass du dich völlig entspannen kannst. Es ist sehr einfach zu erlernen, du brauchst dazu keine besonderen Fähigkeiten oder Erfahrungen. Wenn du in der Lage bist, deine Augen zu schließen, mit dir selbst und anderen zu sprechen und deinen Körper zu bewegen, kannst du dein Denken und dein Verhalten bewusst bestimmen und letztlich das Leben führen, das du dir erträumst. Du musst dich dabei nur Schritt für Schritt an meine Anleitungen halten, selbst wenn du dir einmal nicht sicher sein solltest, ob du es auch richtig machst. Zusammen werden wir eine »positive Software« für dein Bewusstsein entwerfen und installieren.

Die Kraft des Augenblicks

Wir befinden uns in einer besonderen historischen Phase. Unsere Welt verändert sich täglich. Die wissenschaftlichen und technologischen Transformationen, die sich um uns herum vollziehen, nehmen exponentiell zu. Als Menschheit verbinden wir uns über große Entfernungen, wir erkunden und verändern unsere Welt. Reisen, die früher Monate gedauert haben, dauern heute nur noch Stunden; Berechnungen, die früher Jahre in Anspruch nahmen, sind heute nach wenigen Minuten abgeschlossen. Die Frage ist nicht, ob sich dein Leben verändern wird. Die Frage lautet: In welche Richtung wird es sich verändern?

Wir leben heute im digitalen Informationszeitalter. Faxgeräte, Handys, Computer und Satelliten – vor fünfzig Jahren noch unvorstellbar – sind heute, im 21. Jahrhundert, normaler Alltag. Alles, was auf der Welt geschieht, können wir direkt am Fernsehbildschirm mitverfolgen. Weltweite Kommunikationssysteme verbinden die Menschen wie Nervenzellen in einem riesigen globalen Gehirn. Und all das in rasantem Tempo!

Wir stehen an der Schwelle zu einem gewaltigen Evolutionssprung. Der nächste große Schritt in der menschlichen

Entwicklung wird meiner Meinung nach darin bestehen, dass wir das Informationszeitalter hinter uns lassen und in eine neue Ära eintreten, in der die Menschen anfangen, ihre inneren Ressourcen zu entwickeln. Ich nenne diese Epoche das Zeitalter der »Psycho-Technologie«, in dem wir lernen, die erstaunlichen Kräfte und inneren Fähigkeiten zu nutzen, mit denen wir geboren wurden. Die Psycho-Technologie liefert uns quasi eine Gebrauchsanleitung für unser Gehirn.

Unglücklicherweise beschäftigen sich die meisten Menschen eher damit, ihren DVD-Player richtig bedienen zu können, als ihr Gehirn richtig zu benutzen. Wenn du in den nächsten sieben Tagen die Übungen in diesem Buch studierst und praktizierst, setzt du dich von den 98 Prozent der Menschen ab, die mit den Worten Winston Churchills »gelegentlich über die Wahrheit stolpern, aber sich aufrappeln und weitergehen, als sei nichts geschehen«.

In diesem Buch lernst du Techniken kennen, die schon vielen Menschen dabei geholfen haben, über ihre vermeintlichen Grenzen hinauszugehen und ihr wahres Potenzial zu entfalten. Zusammen programmieren wir dein Gehirn so, dass du glücklicher und energiegeladener bist und mehr Selbstvertrauen hast.

Lass uns anfangen

Bevor du dich nun auf die Reise begibst, dein wahres Potenzial zu erschließen, möchte ich dich bitten, kurz innezuhalten und folgendes Gedankenexperiment zu machen:

Wie sähe dein Leben aus, wenn du eines Morgens aufwachtest und ein Wunder wäre geschehen: Du lebtest genau so, wie du es dir immer erträumt hast.

Stell dir dieses Leben jetzt in allen Einzelheiten vor:

- Woran erkennst du, dass ein Wunder geschehen ist?
- Was siehst du?
- Was hörst du?
- Was fühlst du in dir?
- Welche Veränderungen hat es für dich in deiner Arbeit gegeben?
- In deinen Beziehungen?
- In deiner finanziellen Situation?
- Gesundheitlich?

Indem du die Ideen umsetzt und die Übungen machst, die in diesem Buch vorgestellt werden, wirst du all dies wahr werden lassen.

Entspanne dich einfach beim Lesen, und lass die Übungen, die ich dir anbiete, tief in dich einsinken.

So wie ein Gärtner Samen pflanzt und geduldig wartet, bis aus ihnen etwas wächst, so pflanzt auch du jedes Mal, wenn du mit diesem Buch arbeitest, positive Gedanken in dein Bewusstsein. Aus ihnen werden sich mit der Zeit wirkungsvolle Werkzeuge entwickeln, mit deren Hilfe du den hochentwickeltsten Bio-Computer der Welt bedienen kannst – dein Gehirn!

Obwohl sich schon nach der ersten Woche dramatische Veränderungen zeigen können, solltest du die Übungen immer wieder machen, um die Resultate zu erzielen, die du wünschst. Eine einzelne Übung ist keine magische Erfolgspille, aber wenn du alle zusammen immer wieder machst, werden sie dir zur zweiten Natur.

Alles, was du in den nächsten zehn Jahren erreichst, ist das Resultat davon, was du heute tust. Wie das Sprichwort sagt: Wenn du weiterhin tust, was du immer getan hast, dann wirst du auch weiterhin das bekommen, was du immer bekommen hast.

> *»Die Menschen machen immer die Umstände dafür verantwortlich, was sie sind. Ich glaube nicht an Umstände. Die Menschen, die vorangehen in dieser Welt, sind stets jene, die sich aufmachen und die Umstände suchen, die sie brauchen, und sie schaffen, wenn sie sie nicht finden können.«*
> GEORGE BERNHARD SHAW

Worauf es wirklich ankommt

Viele Menschen fangen an, ein Selbsthilfebuch zu lesen oder ein persönliches Trainingsprogramm zu absolvieren, aber hören dann mittendrin auf. Sie reden sich ein, dass es zu schwierig sei oder sie nicht die erforderlichen Voraussetzungen erfüllen. Diese Einstellung bringt folgendes Problem mit sich:

Wenn nicht du dein Leben bestimmst, dann tut es jemand anders.

Ich weiß, dass heutzutage das Wort Verantwortung keinen großen Stellenwert besitzt. Milliarden von Euro wechseln jährlich den Besitzer, weil Menschen buchstäblich jene zur Kasse bitten, deren Fehler darin besteht, dass ihr Kaffee zu heiß, ihr Körper zu schwach oder ihr Hund nicht richtig abgerichtet war.

Aber Verantwortung hat auch etwas mit positiver Kontrolle zu tun. Möchtest du dein Leben selbst bestimmen oder anderen Menschen – zum Beispiel deiner Familie, den Medien oder der Gesellschaft im Allgemeinen – die Kontrolle überlassen? Möchtest du der Herr deines Schicksals oder das Opfer deiner Umstände sein?

Verantwortung zu übernehmen bedeutet, die Dinge in deinem Leben zu bestimmen, die deiner Kontrolle unterliegen und gleichzeitig alles loszulassen, was du nicht beeinflussen kannst.

Es ist einfach, deine Eltern, deine Angestellten oder die Regierung für deine Probleme verantwortlich zu machen. Aber erst wenn du erkennst, dass du für deine Situation selbst verantwortlich bist, hast du auch die Möglichkeit, sie zu verändern. Erfolgreiche Menschen wissen, dass die Verantwortung zu übernehmen der erste Schritt zu einem erfolgreichen und erfüllenden Leben ist.

Dr. Stephen R. Covey beschreibt es wie folgt:

»Wenn du das eine Ende eines Stocks aufhebst, hebst du auch das andere auf. Sobald du also die Verantwortung für deine Lebensumstände übernimmst, versetzt du dich automatisch in die Lage, sie auch zu verändern.«

Einleitung

Wenn ich diese Ideen in meine Seminare einbringe, werde ich hin und wieder mit der Frage konfrontiert: »Wenn ich über die Straße laufe und überfahren werde, ist das dann auch meine Schuld?«

Die Antwort ist einfach: Verantwortung zu übernehmen ist nicht das Gleiche wie die Schuld auf sich zu nehmen. Du bist nicht verantwortlich für das Blatt, das du in der Hand hältst, wohl aber dafür, welche Karten du ausspielst.

Halte einen Moment inne und stell dir vor, wie es wäre, die Verantwortung für dein Leben zu übernehmen. Du hast die Macht, Entscheidungen zu treffen und jeden Bereich in deinem Leben zu verändern. Du bestimmst deine finanzielle Situation, deine Beziehungen und dein Wohlbefinden. Du störst dich nicht an den Dingen, die du nicht beeinflussen kannst und bestimmst die, die deiner Kontrolle unterliegen.

Wenn dir diese Vorstellung gefällt, kannst du dich dafür entscheiden, von nun an die volle Verantwortung für dein Leben zu übernehmen. Je mehr ich mit erfolgreichen Menschen arbeite, desto mehr inspirieren mich die Worte von W. H. Murray:

»Bis du dich voll auf etwas einlässt, gibt es noch dieses Zögern, diese Möglichkeit, es dir anders zu überlegen, wodurch du nicht wirklich effektiv bist. In Bezug auf jeden Akt der Initiative und der Schöpfung gibt es eine grundlegende Wahrheit, die du unbedingt berücksichtigen solltest. In dem Moment, in dem du dich wirklich auf etwas einlässt, fängt auch die Vorsehung an, für dich zu arbeiten. Du löst durch deine Entscheidung einen ganzen Strom von Ereignissen aus. Unvorhersehbare Zwischenfälle, ungeahnte Begegnungen und materielle Hilfen, die du nie für möglich gehalten hättest, wenden sich plötzlich zu deinen Gunsten.«

Bist du entschlossen? Bist du bereit, dir deine Macht zurückzuerobern? Wirst du die einfachen Anleitungen in diesem Buch so ernst nehmen, dass sie dein Leben verändern können? Selbst wenn du am Anfang nicht hundertprozentig überzeugt bist, solltest du dir klar machen, dass du trotz aller Zweifel Erfolg haben kannst. Du brauchst dir nur ein Kapitel nach dem anderen vorzunehmen...

Wie du dieses Buch am besten nutzt

Dieses Buch beinhaltet sieben Kapitel. Es handelt sich dabei um sieben grundlegende Lektionen, die dir helfen werden, deine tiefsten Überzeugungen zu leben und dir deine sehnlichsten Wünsche zu erfüllen.

In nur sieben Tagen wirst du dich zu den Menschen gesellen, die sich so auf Erfolg programmiert haben, dass sie gar nicht mehr anders können, als erfolgreich zu sein. Du wirst in der Lage sein, allen Herausforderungen des Lebens mit Gelassenheit und Vertrauen zu begegnen. Deine Reise fängt im nächsten Kapitel an, wo du entdeckst, was in dir steckt. Du fängst an, dein wahres Potenzial freizulegen, um die Person zu werden, die du wirklich sein willst...

Erster Tag

Wer bist du wirklich?

Entdecke dein wahres
Potenzial und werde die Person,
die du wirklich sein willst

Stell dir vor, du wachst eines Tages in einem Land auf, das fast vollständig von Riesen bevölkert wird. Zuerst hast du bestimmt große Angst und glaubst, der ohrenbetäubende Lärm lauter Stimmen und das unangenehme Gefühl des Fallens würden nie mehr verschwinden. Mit der Zeit bemerkst du jedoch, dass viele Riesen gutmütig zu sein scheinen und besonders einer von ihnen sich um deine Sicherheit und dein Wohlergehen kümmert.

Stell dir dann vor, dass dich der Riese, dem du gelernt hast zu vertrauen, eines Tages ohne ersichtlichen Grund anschreit, bedroht und sogar schlägt. Wie kannst du dich im Land der Riesen jemals wieder sicher fühlen? Es muss doch irgendwelche Regeln oder Gesetze geben, die dir helfen zu überleben ...

Eines Tages stößt du auf andere kleine Menschen. Sie scheinen wie du zu sein, und in ihrer Gesellschaft fühlst du dich gleich viel sicherer. Einige behaupten, die Gesetze des Landes zu kennen und erklären sie dir. Indem du außerdem die Riesen beobachtest und ihnen zuhörst, wenn sie dir in ihren donnernden Stimmen etwas beibringen, bekommst du ein immer klareres Bild, was du tun musst und nicht tun darfst, um in Sicherheit zu sein.

Tue das, was man dir sagt. Es ist einfacher, im großen Strom mitzuschwimmen. Wein nicht. Hör auf zu kämpfen. Konzentriere dich aufs Studium. Such dir eine Arbeit. Tue das, was man dir sagt. Heirate. Setz Kinder in die Welt, damit sie für dich sorgen, wenn du alt bist. Tue das, was man dir sagt.

Die Liste wird immer länger, je größer dein zierlicher Körper wird (dem das besondere Essen, das es im Land der Riesen gibt, sichtlich bekommt). Zum Schluss stellst du fest, dass gar keine Riesen mehr da sind.

Und dann wachst du eines Tages auf, und ein zartes kleines Wesen schaut zu dir hoch. Es ist im Land der Riesen aufgewacht. Und weil du es liebst, erzählst du ihm alles, was du darüber weißt, wie man im Land der Riesen überlebt.

Auf diese Weise schließt sich der Kreis ...

Die Macht der Gehirnwäsche

Während des koreanischen Bürgerkriegs in den späten 1950er Jahren bekehrten Koreaner chinesischer Abstammung erfolgreich eine große Anzahl amerikanischer Kriegsgefangener zur »Religion« des Kommunismus. Es geschah nicht, indem sie mit Folter drohten oder irgendwelche Versprechungen machten, sondern einfach dadurch, dass sie das Selbstbild der Soldaten veränderten.

Die Chinesen wussten, dass das menschliche Verhalten direkt von dem Selbstbild abhängig ist, das sie von sich haben. Stell es dir wie eine riesige Schleife vor – wir reden uns ständig ein, dass wir die Person seien, die wir zu sein glauben, aber das System, auf dessen Grundlage wir unser Verhalten und die Reaktionen anderer interpretieren, ist unser eigenes Selbstbild. Es ist eine Art Teufelskreis, aus dem es kein Entrinnen gibt.

Die Chinesen unterbrachen einfach diese Schleife. Es ist natürlich nicht so einfach, Männer umzupolen, denen eingetrichtert wurde, nur ihren Namen, ihren Rang und ihre Seriennummer von sich zu geben, aber die Chinesen taten es behutsam Schritt für Schritt – immer ein kleines Stückchen mehr.

Während eines Verhörs wurde der Gefangene überredet, ein paar nur leicht antiamerikanische oder prokommunistische Aussagen zu machen. (Zum Beispiel: »Die Vereinigten Staaten sind nicht perfekt« oder »In einem kommunistischen Land gibt es weniger Arbeitslosigkeit und Verbrechen.«) Nachdem er diese scheinbar harmlosen Aussagen gemacht hatte, wurde der Gefangene gebeten, genaue Gründe aufzulisten, warum die USA nicht perfekt waren. Später, wenn er müde und er-

Erster Tag Wer bist du wirklich?

schöpft war, wurde er dann aufgefordert, die Liste der Gründe zu unterschreiben, die er aufgestellt hatte. Später musste er seine Liste in einer Diskussionsrunde mit anderen Gefangenen vorlesen. Im nächsten Schritt verlasen die Chinesen dann seinen Namen und die Liste seiner Gründe in antiamerikanischen Radiosendungen, die nicht nur im Lager selbst empfangen wurden, sondern auch in allen anderen nordkoreanischen Gefangenenlagern und dem Rest der amerikanischen Truppen in Südkorea. Plötzlich stand der Gefangene als Kollaborateur da, der gemeinsame Sache mit dem Feind machte. Wenn andere Gefangene ihn fragten, warum er es getan hätte, konnte er nicht behaupten, gefoltert worden zu sein. Schließlich hatte er alles selbst gesagt und unterschrieben.

Psychologische Forschungen haben ergeben, dass Menschen nur einen gewissen Grad an Diskrepanz zwischen ihrem Denken und ihrem Verhalten tolerieren können. Wie alle, die sich der Macht ihres eigenen Selbstbildes nicht bewusst sind, hatte der Gefangene das Gefühl, sein Handeln rechtfertigen zu müssen, um seine innere Identität zu bewahren. Er sagte daraufhin, dass das, was er gesagt hätte, der Wahrheit entspräche. In diesem Moment veränderte sich sein Selbstbild. Er glaubte nun tatsächlich, prokommunistisch zu sein, und die anderen Gefangenen verstärkten seine neue Identität dadurch, dass sie ihn anders behandelten. Die Schleife war vollständig.

Es dauerte nicht lange, und sein Wunsch, in Übereinstimmung mit seinem Selbstbild zu handeln, würde ihn noch mehr in die Kollaboration mit den Chinesen treiben, wodurch sein neues Selbstbild immer mehr gestärkt wurde, bis er es nicht mehr in Frage stellte, sondern als gegeben hinnahm.

Was ist ein Selbstbild?

Ein Selbstbild zeigt, wie du dich selbst in deiner Vorstellung siehst. Es hat große Macht, da dein Verhalten selten von dieser inneren Landkarte abweicht. Das Selbstbild wirkt wie eine Art sich selbst erfüllende Prophezeiung, die dir ständig mitteilt, wie du dich verhalten sollst, um kontinuierlich im Einklang mit der Person zu handeln, die du zu sein glaubst. Dennoch haben viele Menschen keine Ahnung davon, dass sie ein Bild von sich selbst haben, bis sie es sich schließlich anschauen.

Wir alle kennen Menschen, die attraktiv sind, sich selbst jedoch für hässlich halten. Sie glauben, sie seien entweder zu dick oder zu dünn oder zu alt oder zu jung. Wenn du wirklich glaubst, du seist nicht attraktiv, dann sabotierst du unbewusst alle Versuche, attraktiv zu erscheinen. Und weil du dich nicht von deiner besten Seite zeigst, werden auch andere Menschen dich zwangsläufig unattraktiv finden – und schon hat sich die Prophezeiung erfüllt.

Studien haben ergeben, dass eine hohe Anzahl von Menschen, die plötzlich große Summen durch Lotteriegewinn oder Erbschaft erhalten, das Geld fast genauso schnell wieder verlieren, wie sie es bekommen haben. Selbst Menschen, die ihr Geld auf »normalem Weg« verdienen, werden es wieder verlieren, wenn ihr Verdienst höher ist als die Summe, die sie wert zu sein glauben. Sie fühlen sich mit dem zusätzlichen Geld unwohl, und daher geben sie es aus oder verleihen es oder finden andere Wege, um es loszuwerden.

Berühmte Menschen, deren Stern zu schnell und zu hoch steigt, können durch die Anziehungskraft eines begrenzten

Erster Tag Wer bist du wirklich?

Selbstbildes schnell wieder auf die Erde zurückgeholt werden. Viele Berühmtheiten leiden unter selbstzerstörerischen Verhaltensweisen, weil sie sich wertlos fühlen. Psychologen haben dafür sogar einen neuen Namen geprägt: Paradies-Syndrom.

Wie du über dich selbst denkst, hat auch einen Einfluss darauf, wie andere Menschen dich sehen. Da 90 Prozent unserer Kommunikation unbewusst ablaufen, reagieren die Menschen in deiner Umgebung unaufhörlich auf deine Körpersprache, den Klang deiner Stimme und die emotionalen Signale, die du aussendest. Selbst wenn die Worte aus deinem Mund positiv klingen, kann es sein, dass dein Körper eine ganz andere Sprache spricht.

Das Ganze funktioniert folgendermaßen:

Indem andere Menschen sehen, wie du mit dir selbst umgehst, teilst du ihnen ständig mit, wie sie dich behandeln sollen.

In dem Buch *Vollendung in Liebe* stellt Don Miguel Ruiz eine interessante Analogie her. Stell dir vor, du lebst in einem Restaurant, in dem es immer genug zu essen gibt. Wenn jemand zur Tür hereinkäme und dir eine Pizza anböte, für die du dich dieser Person jedoch bis an dein Lebensende ausliefern müsstest,

> *»Wir suchen nach den Zähnen, die die Wunden geschlagen haben.«*
> ANON

würdest du ihr nur schallend ins Gesicht lachen. Würdest du aber auf der Straße leben und seit Tagen nichts gegessen haben, und dieselbe Person machte dir das gleiche Angebot – du würdest ihren Vorschlag höchstwahrscheinlich überdenken. ==Wir nehmen uns im Leben das, was dem Wert entspricht, den wir uns selbst zugestehen – das heißt, niemand kann uns mehr missbrauchen, als wir uns selbst missbrauchen.==

Erfolg und Selbstbild

Jeder Misserfolg verstärkt die sich selbst erfüllende Prophezeiung deines negativen Selbstbildes. Äußerer Erfolg hat kaum einen positiven Einfluss auf unsere inneren Überzeugungen. Es spielt daher keine Rolle, wie viel du nach außen hin besitzt, sei es ein großes Haus, ein dickes Auto oder viel Geld. Dies alles wird dich nicht befriedigen können, wenn du dich nicht schon im Innern wohl fühlst.

Im Laufe der Jahre habe ich viele »erfolgreiche« Menschen getroffen und mit ihnen gearbeitet. Ich war immer wieder erstaunt, wie viele von ihnen sich eine äußere Hülle zulegen, um das innere Gefühl, nicht gut genug zu sein, zu verstecken. Auf vielerlei Weise versuchen sie, ihren Mangel an innerem Selbstwertgefühl zu kompensieren, indem sie zum Beispiel ihren Reichtum, ihren gesellschaftlichen Status, ihr intellektuelles Vermögen, ihre körperliche Stärke, ihre sozialen Kontakte oder ihre moralische Überlegenheit zur Schau stellen. All dies soll beweisen, dass sie nicht so wertlos sind, wie sie sich im Inneren fühlen.

Manchmal fängt alles mit einer kleinen Lüge an, oder man verstellt sich ein wenig, aber über die Jahre hinweg entwickeln diese Menschen eine äußere Person, die das völlige Gegenteil

Erster Tag Wer bist du wirklich?

von dem ist, was sie im Innern fühlen. Sie kommen sich dadurch immer mehr als Betrüger vor und haben Angst, dass ihr Betrug auffliegt und sie alles wieder verlieren. Viele Menschen, von denen wir gemeinhin glauben, sie hätten alles erreicht und müssten total glücklich sein, sind in Wahrheit regelrechte Selbsthasser. Ich nenne dies den »Glitter-Faktor« – je größer der Schmuck, desto geringer das Selbstbewusstsein.

Der Glitter-Faktor ist kein exklusives Problem der Reichen und Berühmten. Da ich mit Menschen aus den unterschiedlichsten Schichten und Milieus arbeite, muss ich immer wieder feststellen, dass fast *jeder* den Teil von sich versteckt, den er nicht mag, und ihn mit irgendetwas anderem kompensiert.

Ich selbst glaubte lange Zeit, dass ich mich besser fühlen würde, wenn ich nur reich oder berühmt genug wäre und mit vielen schönen Frauen ausgehen könnte. Ich war als Kind ein Außenseiter gewesen, und daher legte ich mir irgendwann die äußere Hülle des Erfolgreichen zu, sodass niemand (auch ich selbst nicht) bemerken könnte, wie unzulänglich ich mich eigentlich fühlte.

Über einen relativ kurzen Zeitraum hinweg arbeitete ich unglaublich hart an meinem Erfolg und hatte Glück. Ich wurde berühmt, machte Geld und schuf mir all die Fallstricke eines glamourösen Lebens. Meine Fernsehsendungen waren ein großer Hit, ich hatte mehr Geld als je zuvor und ein wunderschönes Mannequin zur Freundin. Rockstars, Filmstars und sogar Mitglieder der königlichen Familie wollten mit mir arbeiten.

Dennoch beschäftigte es mich ständig, dass ich zwar alles besaß, was ich mir erträumt hatte, ich mich jedoch innerlich immer noch leer fühlte.

Wie kommt dein Selbstbild zustande?

Obwohl die frühesten Botschaften, die du von deiner Familie empfingst, sicherlich positiv waren, hat es im Laufe der Zeit auch viele negative Mitteilungen gegeben. Man nannte dich »dummes Kind«, »undankbar« oder »ungeschickt«, und du hast diese negativen Suggestionen zusammen mit all den positiven Bestärkungen wie ein Schwamm in dich aufgesogen. Eine Studie hat kürzlich ergeben, dass amerikanische Eltern ihre Kinder im Durchschnitt achtmal mehr kritisieren als loben.

Wenn du in die Schule kommst, sind so viele Menschen größer als du und scheinen viel mehr zu wissen. Eine ganz neue Welt voller Probleme kommt auf dich zu. Lehrer sabotieren unwillentlich dein Selbstwertgefühl in ihrem Bemühen, dich in eine passende Form zu pressen. Deine kindlich-spontanen Eigenschaften verflüchtigen sich immer mehr im Laufe deines Erwachsenwerdens.

Genau in dem Moment, in dem alles einigermaßen läuft, kommst du in die Pubertät. Haare wachsen, Körperteile verändern ihre Größe, und das Leben fühlt sich irgendwie komisch an. Und dann gibt es da noch die Menschen in deiner unmittelbaren Umgebung, die ein niedriges Selbstwertgefühl haben und das deine ständig unterminieren, um sich selbst besser zu fühlen.

> *»Wir werden als Prinzen und Prinzessinnen geboren, und der zivilisatorische Prozess verwandelt uns in Frösche.«*
> ERIC BERNE

Forscher haben herausgefunden, dass im Alter von vierzehn Jahren 98 Prozent der

Kinder ein negatives Selbstbild haben. Und es wird immer schlimmer. Der irische Autor J. H. Brennan beschreibt es so:

»Wenn es ein Wort gibt, das am besten die Pubertät beschreibt, dann ist es Verwirrung. Diese Verwirrung wird so stark gefühlt, dass sie sich leicht auf dein grundlegendes Selbstbild auswirken kann. Es ist ein trauriges Bild: klein ... hilflos ... machtlos ... unflätig ... sozial inakzeptabel ... minderwertig ... verwirrt – und in besonders schweren Fällen zusätzlich ungeliebt und unerwünscht. Und so traurig es ist, das Bild traf größtenteils zu, als es entstand – nicht durch dich, sondern durch die Taten und Meinungen anderer. Auf dieser Entwicklungsstufe spielte dir die Natur übel mit. Du bist größer geworden, aber dein Selbstbild ist nicht mitgewachsen. Kein Wunder, dass es so viele Menschen gibt, die nicht das Leben führen, das sie eigentlich wollen.«

Als ich diese Aussage mit meinem eigenen Leben in Beziehung setzte, erkannte ich, dass mein grundlegendes Problem darin bestand, dass ich mich machtlos fühlte. Tief in meinem Innern sah ich mich immer noch als hilfloses, am Rande stehendes Kind. Mein Gefühl der Macht erwuchs nicht aus meinem authentischen Selbst, sondern basierte allein auf dem künstlichen Status, den mir eine erfolgreiche Karriere, eine schöne Freundin und finanzielle Mittel einbrachten.

Durch meine Arbeit mit vielen berühmten und erfolgreichen Menschen wusste ich bereits, wie sehr sie mit dem Erreichten ihr Gefühl der Unzulänglichkeit kompensierten. Erst jetzt erkannte ich, dass ich einer von ihnen war.

Sobald ich den Inhalt meines negativen Selbstbildes klar vor Augen hatte, wusste ich, dass es Zeit für eine grundlegende Veränderung war. Ich hatte mich bereits dafür entschieden, die Verantwortung für mein Leben zu tragen, und daher war es nur ein kleiner Schritt, die Verantwortung auch dafür zu übernehmen, wie ich mich selbst sah. So beschloss ich damals, mich auf ein neues Abenteuer einzulassen. Ich wollte ein neues Verständnis von Erfolg entwickeln, in dem auch das Herz nicht zu kurz kommt, in dem auch Glück und Erfüllung wichtige Erfolgsmaßstäbe sind. Ich war entschlossen, einen Weg zu finden, um den »inneren Selbsthasser« zu heilen.

Der beste Ratschlag, den man geben kann

Mitte der 1980er Jahre hielt John Opel, der Vorstand von IBM, eine Rede vor Absolventen der Stanford Universität. Als er gefragt wurde, was er den angehenden Berufsanfängern als Rat mit auf den Weg geben würde, antwortete er, dass er bereit sei, eines seiner »Geheimnisse« für wahren Erfolg mitzuteilen. Als die wissbegierigen jungen Menschen im Publikum sich daraufhin nach vorn lehnten, flüsterte Opel:

»Täuschen Sie niemals etwas vor!«

Er machte eine Pause und las die Körpersprache seiner Zuhörer. Dann sagte er mit großer Leidenschaft:

»Nein, wirklich, ich meine es ernst!«

Erster Tag Wer bist du wirklich?

Der Saal brach in Gelächter aus. Opel erklärte daraufhin, dass wir alle gewieft genug seien, anderen Menschen etwas vorzumachen und damit eine Zeit lang davonzukommen. Aber letztlich würde auf diese Weise nur unser Selbstvertrauen unterminiert, und mit ihm unser Selbstwertgefühl und der Respekt vor uns selbst.

> *Dies ist die wichtigste Lektion des heutigen Tages:*
> **Du lebst deshalb noch nicht das Leben deiner Träume, weil du zu viel Zeit und Energie darauf verschwendest, dein negatives Selbstbild vor der Welt zu verstecken.**

Wenn du deine ganze Energie darauf verwendest, die Illusion deines projizierten Selbst aufrechtzuerhalten und dein ängstliches Selbst vor der Welt zu verbergen, dann ist die ruhige kleine Stimme deines authentischen Selbst – das du in Wirklichkeit bist – fast nicht zu hören.

Aber wenn du die Übungen der heutigen Lektion machst, wirst du anfangen, dich in einem neuen Licht zu sehen. Du wirst lernen, deine innere Stimme lauter zu stellen, deinem Bauchgefühl zu vertrauen und auf das Flüstern deines Herzens zu hören. Und wenn du das tust, wird sich dein Leben für immer verändern!

Die drei Spielarten des Selbst

In unserem Kern existiert unser authentisches Selbst, das bestimmt, wer und was wir wirklich sind.

Aber über unserem wirklichen Selbst – mit all unseren verrückten Eigenheiten und unserem unerschrockenen »Sosein« – befindet sich eine Schicht aus Scham, Angst und Schuld. Es handelt sich hier um die Person, die wir zu sein *fürchten* und die für unser negatives Selbstbild verantwortlich ist.

Um sicherzustellen, dass die Menschen uns auch weiterhin mögen und uns Liebe und Geld geben, packen wir noch eine Schicht auf unser gefürchtetes Selbst obendrauf – nämlich die Person, die wir *vorgeben* zu sein.

Diese äußere Schicht ist – wenn wir sehr gut darin sind, andere zu täuschen – alles, was andere Menschen von uns mitbekommen. Wir sind in der Tat so sehr darauf bedacht, die negative Schicht zu verbergen, dass wir völlig vergessen, dass es unter der äußeren Schicht noch ein anderes, *reales* Selbst gibt.

Als ich dieses Modell einer Freundin erklärte, sagte sie mir: »Ja, das leuchtet mir ein. Unser wirkliches Selbst ist wie ein Diamant, und im Laufe unseres Erwachsenwerdens wird er mit so viel Müll zugeschüttet, dass wir dem Ganzen eine äußere Glanzschicht verpassen müssen, damit wir für andere Menschen überhaupt attraktiv sind. Aber wenn wir nur ein wenig in all dem Müll graben würden, würden wir erkennen, dass wir eigentlich Diamanten sind und es nicht nötig haben, uns nach außen hin künstlich aufzupolieren.«

Ich selbst würde es eher so ausdrücken:

Wenn du anfängst, dein wahres Selbst unter der Schicht, die du zu sein vorgibst, und der Schicht, die du Angst hast zu sein, auszugraben (das heißt, den Diamanten unter all dem Müll freizulegen), dann bleibst du nicht länger Beifahrer, sondern nimmst das Steuer selbst in die Hand. Und wenn dein wahres Selbst dich durch das Leben fährt, bist du entspannter, du hast mehr Spaß und Erfüllung.

Lerne dich selbst kennen

Wir wollen uns nun anschauen, wie die verschiedenen Schichten des Selbst dein Leben bestimmen. Ich werde dir meine Lieblingsfragen stellen, mit deren Hilfe du das vorgetäuschte Selbst entlarven, dein negatives Selbstbild enthüllen und dein authentisches Selbst freilegen kannst. Denk daran, dass es keine »richtigen« Antworten gibt – jede Frage soll einfach nur dazu dienen, dein Bewusstsein zu schärfen, damit du erkennst, was dich davon abhält, dein authentisches Selbst zu leben.

A. Dein vorgetäuschtes Selbst: Wer du vorgibst zu sein

Dein vorgetäuschtes Selbst ist das Bild, das du in die Welt projizierst. Es beruht weniger darauf, wer du wirklich bist, als auf dem Versuch, das zu verschleiern, was du zu sein fürchtest. Stell dir die folgenden Fragen:

- ◆ Wie sollen andere dich sehen?

- ◆ Welchen Aspekt deiner Persönlichkeit sollten andere Menschen zuerst bemerken?

- Was ist das Wichtigste, das andere über dich wissen?
- Was sagt deine Lebensweise über dich aus?

B. Dein negatives Selbstbild: Wer du Angst hast zu sein
Wenn dich jemand mit einem Begriff beschimpft, zu dem du keinen Bezug hast (zum Beispiel »blöder grünhäutiger Marsmensch«), hast du emotional keine Probleme damit. Etwas kann dich nur dann wirklich treffen, wenn du glaubst, dass es irgendwie wahr sein könnte. Wenn ich die unten aufgeführten Fragen in der Arbeit mit meinen Klienten stelle, weisen die meisten die Vorstellung, dass die negativen Charaktereigenschaften irgendetwas mit ihnen zu tun haben könnten, zuerst entrüstet von sich. Aber wenn sie länger darüber nachdenken, wird ihnen in der Regel erschreckend klar, dass sie schon immer Angst hatten, dass diese Wesenszüge auf sie zutreffen könnten.

> *»Ein nicht untersuchtes Leben ist nicht lebenswert.«*
> SOKRATES

Eine Tatsache wird es dir erleichtern, einen ehrlichen Blick auf dich selbst zu werfen:

Alle »negativen« Eigenschaften, die du an dir erkennst, sind nicht wirklich das, was du im Kern bist. Sie gehören nur zu deinem negativen Selbstbild, das dir als Kind eingepflanzt wurde. Indem du sie dir ehrlich bewusst machst, befreist du dich von ihnen!

Es ist manchmal nicht leicht, sich seine größten Ängste in Bezug auf die eigene Person direkt anzuschauen, denn immerhin hast du wahrscheinlich einen Großteil deines Lebens damit verbracht, genau dies zu vermeiden. Deshalb beziehen sich meine Fragen mehr auf die Dinge, die dein negatives Selbstbild offenbaren, als auf dein negatives Selbstbild als solches:

♦ Was ist das genaue Gegenteil zu jedem Merkmal deines vorgetäuschten Selbst?

♦ Welche Geheimnisse über dich werden erst nach deinem Tod bekannt werden?

♦ Welche Person magst du am wenigsten und warum?

(Wahrnehmung ist meist Projektion – wir mögen das an anderen Menschen nicht, was wir fürchten in uns selbst zu finden.)

C. Dein authentisches Selbst: Wer du wirklich bist

Indem du dir die Merkmale und Eigenschaften der drei Spielarten deines Selbst anschaust und sie zu unterscheiden lernst, versetzt du dich in die Lage, immer mehr aus deinem authentischen Selbst heraus zu leben.

Hier sind ein paar Richtlinien, die dir dabei helfen, auch wirklich dein authentisches Selbst zu identifizieren und nicht deinem negativen Selbstbild auf den Leim zu gehen:

♦ Wirklich du zu sein fühlt sich an wie nach Hause zu kommen.

♦ Wer bist du, wenn dich niemand beobachtet?

♦ Was würdest du anders machen, wenn du dich vollkommen sicher fühlen würdest?

♦ Wer würdest du sein, wenn du über deine Angst hinausgehen könntest?

Neuprogrammierung deines Selbstbilds

Ich habe die Erfahrung gemacht, dass herkömmliches positives Denken nicht sehr effektiv ist. Sich einfach nur vor den Spiegel zu stellen und zu sagen: »Ich werde Tag für Tag in allen Bereichen immer besser«, bringt keine besonderen Resultate, wenn du dich nicht gleichzeitig auch immer besser fühlst.

Wenn du zum Beispiel beim Lesen kurz innehältst und deinem Herz befiehlst, schneller zu schlagen, wird wahrscheinlich nichts passieren. Wenn du dir aber lebhaft vorstellst, dass du spät in der Nacht allein eine dunkle Straße entlanggehst und Fußschritte hinter dir hörst, die immer näher kommen, dann wird dein Herzschlag sich wahrscheinlich tatsächlich beschleunigen.

Der Grund ist folgender:

Das menschliche Verhalten wird von Vorstellungen und Gewohnheiten geprägt. Sie besitzen weit mehr Macht, als Logik und Wille jemals haben werden.

Es ist erwiesen, dass dein Körper leichter auf deine lebendige Vorstellungskraft reagiert als auf direkte Befehle.

Aus diesem Grund hat die Art und Weise, wie wir uns selbst sehen, einen so großen Einfluss auf unser Leben.

Anfang der 1970er Jahre fiel einem Schönheitschirurgen namens Maxwell Maltz auf, dass es bei seinen Patienten oft zu einem erstaunlichen Anstieg des Selbstvertrauens und manchmal sogar zu einem vollständigen Wandel ihrer Persönlichkeit kam, wenn er ihre äußere Erscheinung veränderte. Bei einigen Patienten zeigten sich jedoch auch gar keine Veränderungen, so sehr er ihren Körper auch operativ verschönerte.

Maltz zog daraus den Schluss, dass eine kosmetische Korrektur der äußeren Hülle zu keiner Veränderung der inneren Haltung seiner Patienten führte, wenn ihr Selbstbild nicht

---

Kleine Veränderung mit großen Folgen

Ein gutes Beispiel dafür, wie eine kleine Veränderung unser Selbstbild schnell und einfach umprogrammieren kann, zeigt eine Studie des Sozialpsychologen Steven J. Sherman. Er hatte sich vorgenommen, in einem bestimmten Gebiet die Anzahl Freiwilliger zu erhöhen, die von Haus zu Haus gingen, um für die amerikanische Krebsgesellschaft Geld zu sammeln.

Er rief viele Bewohner dieses Gebiets an und erklärte ihnen, dass er eine Untersuchung mache, in deren Rahmen er sie fragen wolle, ob sie bereit wären, drei Stunden lang von Tür zu Tür zu gehen, um für einen guten Zweck Geld zu sammeln. Da niemand als kalt und lieblos dastehen wollte, sagten fast alle zu.

Nach ein paar Tagen rief jemand von der amerikanischen Krebsgesellschaft dieselben Leute erneut an. Wie viele hatten tatsächlich Geld gesammelt?

Die Zahl der Freiwilligen war um phänomenale 700 Prozent gestiegen!

sonderlich positiv war oder – wie er es ausdrückte – sie weiterhin »innere Narben« hatten.

Er brachte diesen Patienten also einfache Visualisierungstechniken bei, die zu einer dramatischen Veränderung ihres Selbstbilds führten. Zu seiner freudigen Überraschung bewirkten sie oft genauso viel – oder sogar mehr – als die Operation.

Indem er Patienten mit negativem Selbstbild beibrachte, sich immer wieder vorzustellen, wie sie idealerweise sein wollten, fiel ihm auf, dass sie innerhalb von wenigen Tagen zufriedener und glücklicher wurden.

Als Michelangelo einmal gefragt wurde, wie er diese wunderschönen Engel erschaffe, antwortete er: »Ich sehe die Engel im Stein und entferne alles, was um sie herum ist.«

Die Neuprogrammierung deines Selbstbilds geschieht auf ähnliche Weise. Es geht nicht so sehr darum, ein bestimmtes positives Ziel anzustreben, sondern vielmehr zu erkennen, wie großartig du bereits bist.

Denk daran, dass unsere Möglichkeiten in jedem Moment nicht davon bestimmt werden, was wir gern über uns denken, sondern wovon wir in Bezug auf uns selbst wirklich überzeugt sind. Je mehr du also dein Selbstbild der Realität deines authentischen Selbst angleichst, desto reicher und lohnender wird dein Leben. Es handelt sich hierbei um eine anerkannte Tatsache, die in jeder spirituellen Lehre enthalten ist.

Im Folgenden findest du eine Weiterentwicklung der ursprünglichen Visualisierung von Dr. Maltz, welche die neuesten Erkenntnisse der Neurowissenschaft und der Selbstbild-Psychologie beinhaltet. Wenn ich meine Klienten mit ihr vertraut mache, berichten sie hinterher oft von lebensverändernden Einsichten und dass sie sich selbst und die Welt in einem neuen Licht sehen.

Wenn du diese einfache Übung eine Woche lang jeden Tag praktizierst, erlaubst du deinem Selbstbild, sich immer mehr an dein authentisches Selbst anzugleichen ...

Programmiere dein Selbstbild auf Erfolg

1. Nimm dir ein paar Momente, um dich zu entspannen und tief ein- und auszuatmen. Während sich deine Muskeln lockern, wird es immer einfacher, deiner Phantasie freien Lauf zu lassen.

2. Stell dir nun vor, dass du dir selbst direkt gegenüberstehst. Es ist die großartigste Version von dir, die du dir überhaupt vorstellen kannst – dein authentisches Selbst.

3. Halte einen Augenblick inne, um dich mit deinem authentischen Selbst total glücklich zu fühlen. Schau dir genau an, wie dein authentisches Selbst steht und geht, atmet, lächelt und redet. Beobachte, wie es mit anderen Menschen spricht. Achte darauf, wie das authentische Selbst Probleme löst und sich Ziele setzt.

4. Geh nun in dein authentisches Selbst hinein, und verbinde dich mit ihm. Sieh mit den Augen des authenti-

Fortsetzung

> schen Selbst, hör durch seine Ohren, und nimm wahr, wie gut es sich anfühlt, als dein authentisches Selbst zu leben!
>
> 5. Beende die Neuprogrammierung deines Selbstbildes, indem du dir eine Minute lang vorstellst, wie sehr sich dein Leben verändern wird, wenn du immer mehr auf der Grundlage des authentischen Selbst lebst.

Einige abschließende Gedanken

Wenn du anfängst, die Wahrheit deines authentischen Selbst zu leben, wird es immer einfacher, kontinuierlich auf dieser Grundlage zu handeln. Dieser Schneeballeffekt (je größer der Ball wird, desto schneller wird er, wodurch er noch größer und dadurch noch schneller wird ...) ermöglicht es, dass du dich in nur sieben Tagen grundlegend verändern kannst.

Wenn wir uns einmal entschieden haben, einen bestimmten Weg mit vollem Einsatz zu verfolgen, richtet sich alles andere automatisch darauf aus. Anstatt deiner Definition des »Selbst« einfach nur ein weiteres Selbstbild oder eine weitere begrenzte Persönlichkeit hinzuzufügen, ermöglicht dir die Arbeit, die du heute getan hast, größere Perspektiven und Entwicklungsmöglichkeiten. Ich persönlich glaube, wenn das Leben einen bestimmten Zweck haben sollte, so ist dies ein wichtiger Teil davon.

»Unsere größte Angst ist nicht, dass wir klein und unbedeutend sind. Unsere größte Angst besteht darin, dass wir über grenzenlose Macht verfügen.

Was uns am meisten erschreckt, ist unser Licht und nicht unsere Dunkelheit.

Wir reden uns ein, dass wir nicht talentiert, brillant und großartig sein könnten.

Aber gibt es überhaupt etwas, das du in Wirklichkeit nicht bist?

Du bist ein Kind des Universums.

Es dient niemandem, wenn du dein Licht unter den Scheffel stellst.

Niemand hat etwas davon, wenn du dich klein machst, nur damit sich andere in deiner Gesellschaft nicht unsicher fühlen.

Wir wurden geboren, um die Großartigkeit unseres inneren Universums zu manifestieren. Dieses Universum existiert nicht nur in einigen, sondern in jedem von uns.

Indem wir unser Licht leuchten lassen, geben wir anderen Menschen unbewusst die Erlaubnis, ihr Licht ebenfalls strahlen zu lassen.

Und wenn wir unsere Angst überwinden, befreit unsere Gegenwart automatisch auch andere von ihrer Angst.«

MARIANNE WILLIAMSON

Alle wirklich erfolgreichen Menschen akzeptieren ihre Brillanz und sind in diesem Punkt nicht peinlich berührt oder verlegen. Wenn du dein Selbstbild wieder mit der Realität deines authentischen Selbst verbindest, lösen sich dadurch nicht gleich alle Probleme, aber du wirst in der Lage sein, dem Leben ganz anders gegenüberzutreten. Wenn die Person, die du zu sein glaubst, mit der Person verschmilzt, die du wirklich bist, wirst du anfangen, dich wirklich gut zu fühlen, sogar bevor sich dein Leben äußerlich verändert.

In Bezug auf mich selbst habe ich herausgefunden, dass mein Leben umso besser wird, je besser ich mich im Inneren fühle.

Vergegenwärtige dir, wie einzigartig du bist. Kein anderer Mensch verhält sich auf *genau* die gleiche Weise wie du. Diese Einzigartigkeit ist dein spezielles Geschenk an die Welt. In den kommenden sechs Tagen werden wir uns dieses Geschenk genau anschauen und uns überlegen, wie du es am besten in die Welt bringst.

Bis morgen also,
Paul McKenna

PS: Hättest du gern die Fähigkeit, deine Gefühle bewusst zu steuern, um jederzeit das zu fühlen, was du fühlen möchtest?

Morgen werde ich dir verraten, wie du deine Emotionen meistern und dein Gehirn selbst programmieren kannst. Außerdem wirst du lernen, wie der Zustand deines Geistes, deines Körpers und deiner Gefühle alles in deinem Leben bestimmen...

Zweiter Tag

Eine Gebrauchsanweisung für dein Gehirn

Meistere deine Emotionen,
und setze dein
gesamtes Potenzial frei

Bevor du heute anfängst, solltest du dir kurz Zeit nehmen, um die gestrige Übung »Programmiere dein Selbstbild auf Erfolg« noch einmal durchzugehen.

1. Entspanne dich, und atme tief und ruhig. Während sich deine Muskeln lockern, wird es immer einfacher, deiner Phantasie freien Lauf zu lassen.

2. Stell dir nun vor, dass du dir selbst gegenüberstehst. Es ist die großartigste Version von dir, die du dir überhaupt vorstellen kannst – dein authentisches Selbst.

3. Halte einen Augenblick inne, um dich mit deinem authentischen Selbst total glücklich zu fühlen. Schau dir genau an, wie dein authentisches Selbst steht und geht, atmet, lächelt und redet. Beobachte, wie es mit anderen Menschen spricht. Achte darauf, wie das authentische Selbst Probleme löst und sich Ziele setzt.

4. Geh nun in dein authentisches Selbst hinein, und verbinde dich mit ihm. Sieh mit den Augen des authentischen Selbst, hör durch seine Ohren, und spüre, wie gut es sich anfühlt, als dein authentisches Selbst zu leben!

5. Beende die Neuprogrammierung deines Selbstbilds, indem du dir eine Minute lang vorstellst, wie sehr sich dein Leben verändern wird, wenn du immer mehr auf der Grundlage des authentischen Selbst lebst. Du kannst dir eine Vielzahl von realen Situationen in der Vergangenheit, der Gegenwart und der Zukunft vorstellen, in denen du dich authentisch verhältst.

Zweiter Tag Eine Gebrauchsanweisung für dein Gehirn

Zwei Mönche wanderten durch den Wald, als sie auf eine wunderschöne Kurtisane stießen, die am Ufer eines breiten Flusses stand. Da sie das Keuschheitsgelübde abgelegt hatten, ignorierte der jüngere Mönch die Frau und überquerte den Strom ohne zu zögern.

Der ältere Mönch, der erkannte, dass die schöne Frau den Fluss nicht sicher aus eigener Kraft überqueren konnte, nahm sie auf den Arm und trug sie über den Strom. Nachdem sie das andere Ufer erreicht hatten, setzte er sie sanft ab. Sie bedankte sich bei ihm mit einem Lächeln, und die zwei Mönche setzten ihren Weg fort.

Der jüngere Mönch kochte innerlich und ließ den Vorfall immer wieder vor seinem geistigen Auge ablaufen.

»Wie konnte er nur so etwas tun?«, dachte der junge Mönch ärgerlich. »Bedeutet ihm denn unser Keuschheitsgelübde gar nichts?« Je mehr der junge Mönch über das nachdachte, was er gesehen hatte, desto ärgerlicher wurde er. »Hätte ich so etwas getan, hätte man mich bestimmt aus dem Orden geworfen. Es ist widerlich! Ich bin zwar noch nicht so lange Mönch wie er, aber ich weiß, was richtig ist und was nicht.«

Er schaute zum älteren Mönch hinüber, um zu sehen, ob dieser wenigstens Reue zeigte im Angesicht dessen, was er getan hatte, aber der Mann schien so heiter und gelassen wie immer.

Schließlich hielt es der junge Mönch nicht länger aus.

»Wie konntest du so etwas nur tun?«, fuhr er seinen Begleiter an. »Wie konntest du diese Frau überhaupt anschauen, geschweige denn, sie auf den Arm nehmen und über den Fluss tragen? Denkst du gar nicht an dein Keuschheitsgelübde?«

Der ältere Mönch schien überrascht, aber dann lächelte er mit großer Güte und Freundlichkeit in den Augen.

»Ich trage sie nicht mehr, Bruder. Tust du es?«

Der 1000-Meter-Weg

Hast du dich jemals gewundert, dass Sportler oder Bühnenkünstler plötzlich lebendig werden, wenn sie ihren Wettkampf oder ihren Auftritt haben?

Wenn Elvis Presley an einem neuen Konzertort eintraf, musste der Wohnwagen mit seinem Ankleideraum genau 1000 Meter von der Konzerthalle entfernt stehen. Egal, in welchem Gemütszustand er sich befand, wenn er seinen Ankleideraum verließ, der Fußweg über 1000 Meter brachte ihn immer in einen Zustand des Vertrauens, aus dem sein Charisma entsprang. Für die Menschen war dieses Charisma so spürbar, dass sie seine Gegenwart schon fühlten und zu jubeln anfingen, bevor Elvis das Gebäude überhaupt betreten hatte.

Heute verrate ich dir, wie du deine Emotionen zu meistern lernst. Ich werde dich durch einige Übungen führen, die dich dazu befähigen werden, an alle Herausforderungen des Lebens mit Selbstvertrauen und Gelassenheit heranzugehen. Du lernst dabei, wie Gefühle zustande kommen und wie du in jedem Moment das fühlen kannst, was du fühlen willst. Zum Schluss mache ich dich auch mit der Technik vertraut, die mir geholfen hat, mein Leben umzukrempeln, als ich mich auf den Weg machte, mein Selbst zu meistern.

Um deine Emotionen jedoch meistern zu können, musst du zuerst verstehen, was sie eigentlich sind, wie sie entstehen und wirken ...

Was ist ein emotionaler Zustand?

Hast du jemals mit einer anderen Person demselben Ereignis beigewohnt und später festgestellt, dass eure Erfahrungen völlig verschieden waren? Wie ist es möglich, dass zwei Menschen zur selben Zeit am selben Ort sind und dennoch die Dinge so unterschiedlich wahrnehmen? Oder nehmen wir zum Beispiel Höhenerfahrungen. Manche Menschen steigen nicht einmal auf eine Leiter, während andere Vergnügen daran finden, auf Berge zu klettern oder aus Flugzeugen zu springen.

Das Verhalten ist daher so verschieden, weil sich die Menschen in unterschiedlichen emotionalen Zuständen befinden. Liebe, Wut, Vertrauen, Angst, Apathie und Neugier sind emotionale Zustände. Wir alle wechseln den ganzen Tag über unseren emotionalen Zustand, und jeder ist so individuell und einzigartig wie unser Fingerabdruck.

Ein emotionaler Zustand lässt sich definieren als »die Summe aller neurologischen Prozesse, die in einem Individuum zu einem bestimmten Zeitpunkt auftreten«. Einfacher ausgedrückt ist ein emotionaler Zustand die Stimmung, in der du dich in einem bestimmten Augenblick befindest.

Wir alle kennen unproduktive Zustände, wie zum Beispiel Angst, Wut und Depression. Wir haben demgegenüber aber auch Momente, in denen wir freudig, entschlossen und voller Vertrauen und Optimismus sind.

Dies ist eine wichtige Erkenntnis, denn:

Das gesamte menschliche Verhalten ist das Resultat eines bestimmten Zustands.

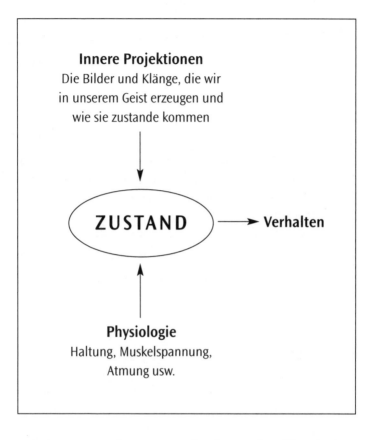

Jede hervorragende Leistung, die du jemals vollbracht hast oder einen anderen hast vollbringen sehen, ist das Resultat des emotionalen Zustands, in dem du oder die andere Person zu der Zeit gewesen ist.

Heute lernst du dein Bewusstsein so zu programmieren, dass du deinen emotionalen Zustand bewusst beeinflussen kannst.

Woher kommen Gefühle?

Auf den ersten Blick hat es den Anschein, als würden unsere Gefühle in jedem Moment durch Ereignisse in der Außenwelt beeinflusst. Irgendetwas geschieht, und wir reagieren darauf, indem wir automatisch unseren emotionalen Zustand verändern.

Denk zum Beispiel an eine Person, die dich sehr anzieht. Stell dir nun vor, dass diese Person gerade hinter dir den Raum betreten hat. Wenn es dir wie den meisten Menschen geht, verändert sich dein Zustand dadurch schlagartig!

Tatsache ist, dass die meisten von uns nicht wissen, wie wir unsere Gefühle in jedem Moment erzeugen. In der Realität läuft zwischen dem Ereignis und unserer Reaktion darauf ein innerer Prozess ab.

Physiologie

Durch die Art und Weise, wie wir unseren Körper benutzen, wirken wir ständig auf unseren emotionalen Zustand ein. Veränderungen in unserer Haltung, unserer Atmung, unserer Muskelspannung und unserem Gesichtsausdruck wirken sich direkt auf unsere Gefühle und unser Verhalten aus. Wenn du deinen Körper anders benutzt, wirst du auch ein ganz anderes Lebensgefühl haben.

Erinnere dich zum Beispiel an eine Situation, in der du besonders nervös gewesen bist – vielleicht als du aufgestanden bist, um vor deinen Kollegen eine Präsentation zu geben oder vor einer besonders schwierigen Frage, die du einem Menschen stellen willst, der dir sehr am Herzen liegt.

STOPP!

Wo du auch immer bist, stell dich fest mit beiden Füßen auf den Boden, halte deine Schultern gerade, setz ein breites, dummes Grinsen auf, und atme tief durch. Stell dir nun die unangenehme Situation vor, ohne deine Haltung zu verändern. Halte deine Schultern gerade, deine Füße auf dem Boden, und lass deine Zähne strahlen!

Wenn du getan hast, worum ich dich gerade gebeten habe, dann hast du bestimmt bemerkt, dass sich deine Gefühle verändert haben und du nun anders über die Situation denkst.

Anspannung oder Entspannung, Atmung und Körperhaltung beeinflussen deinen emotionalen Zustand. Wenn du angespannt bist, produziert dein Körper andere Chemikalien, als wenn du entspannt bist, und deshalb fühlst du dich natürlich auch anders und denkst andere Gedanken.

Innere Projektionen

Wie wir uns in jedem Moment fühlen, wird darüber hinaus entscheidend von den Bildern bestimmt, die wir uns geistig vorstellen sowie von unseren Selbstgesprächen. Es handelt sich bei diesen Bildern und Klängen um innere Projektionen und um mehr nicht – sie sind Interpretationen der Wirklichkeit, nicht die Realität selbst.

Deine inneren Projektionen der Realität sind absolut einzigartig und drücken aus, wie du persönlich die Welt siehst. Sie sind deine ureigenste Landkarte – aber wie jede andere Landkarte auch, ist sie unvollständig und voll von Verallgemeinerungen, Auslassungen und Verzerrungen.

> *»Wir sehen die Dinge nicht, wie sie sind, sondern wie wir sind.«*
> ANAÏS NIN

Aus diesem Grund können zwei Menschen demselben Ereignis beiwohnen und es dennoch völlig unterschiedlich wahrnehmen. Um es in den Worten von Alfred Korzybski, dem Vater der modernen Linguistik, zu sagen: »Die Landkarte ist nicht das Gebiet.«

Die Filme in deinem Kopf

Meiner Erfahrung nach ist *jeder* in der Lage, sich Dinge geistig vorzustellen. Auch du bist es, wenn du die folgenden Fragen beantworten kannst:

1. Wie sieht die Eingangstür deines Hauses aus? Welche Farbe hat sie? Auf welcher Seite befindet sich der Griff?
2. Welches Fabrikat war dein erstes Auto? Wie sah es aus? Welche Farbe hatte es?

Um auch nur eine dieser Fragen beantworten zu können, musst du gezielt in deinem Bewusstsein Bilder erzeugen. Für 99 Prozent aller Menschen haben diese Bilder keine »Fotoqualität«, aber dies ist auch nicht beabsichtigt. Wenn deine inneren Bilder so realistisch wären wie die Außenwelt, würdest du innen und außen nämlich gar nicht mehr unterscheiden können!

Parallel dazu sind wir alle in der Lage, mit uns selbst zu sprechen und Klänge in unserem Bewusstsein zu erzeugen. Manchmal kann uns diese Fähigkeit aufmuntern. Denk nur an ein Lied, das dir gefällt, oder an deine Lieblingsmusik. Stell dir das Rauschen des Ozeans vor oder höre, wie jemand, der dir etwas bedeutet, liebevolle Worte zu dir sagt.

Auf der anderen Seite hast du bestimmt schon einmal einen heftigen Streit gehabt und noch Stunden später all die gemeinen Dinge in deinem Kopf widerhallen gehört, die dich verletzt haben.

Lass uns also ein Experiment machen ...

Stell dir vor, du bist zu einer Party eingeladen und stehst verlegen in der Küche. Du kennst keinen der anderen Gäste, und im Hintergrund spielt viel zu laut eine Musik, die du überhaupt nicht magst.

Wie groß wäre auf einer Punkteskala von 1 bis 10 dein Bedürfnis, auf diese Party zu gehen?

Stell dir nun vor, du bist auf einer Party, umgeben von fröhlichen Menschen, die wirklich ein Interesse daran haben, mit dir zusammen zu sein. Im Hintergrund läuft deine Lieblingsmusik in genau der richtigen Lautstärke.

Wie reizvoll wäre auf einer Skala von 1 bis 10 eine solche Party für dich?

Der Unterschied zwischen diesen beiden Szenarien zeigt, wie grundlegend deine allgemeine Lebensqualität durch deine innere Erwartung bestimmt wird. Und dennoch versuchen die meisten Menschen, die Außenwelt zu kontrollieren und machen sich keine Gedanken über den Film, der in ihrem eigenen Kopf abläuft. Dieses Beispiel macht deutlich, wie dein Gehirn dich kontrolliert, statt dass du bestimmst, was du denkst.

Erst neulich habe ich mit einem Rockstar gearbeitet, der Angst vor dem Fliegen hatte. Als wir uns die Bilder und Klänge anschauten, die er in seinem Bewusstsein abspielte, war es leicht zu verstehen, wie er es schaffte, innerhalb von wenigen Sekunden in panische Angst zu geraten.

Sobald er sich vorstellte, auf dem Flughafen zu sein, sah er vor seinem geistigen Auge, wie er Schwierigkeiten am Abfertigungsschalter bekam. Danach malte er sich aus, wie er das Flugzeug bestieg, die Türen sich schlossen und er in der Falle saß. Er sah, wie sie abhoben, die Kabine sich mit Rauch füllte und das Flugzeug in einem Feuerball zu Boden stürzte. Dann hörte er seine kleine Tochter zu Hause fragen: »Wo ist mein Papi?«

Nun, ich weiß nicht, wie es dir geht, aber es reicht schon, sich solch einen geistigen Horrorfilm auch nur einmal anzuschauen, um es wirklich mit der Angst zu tun zu bekommen. Und mein Klient spielte ihn immer und immer wieder in seinem Kopf ab. Nach jeder »Vorführung« fühlte er sich elender, und je schlechter er sich fühlte, desto schrecklicher wurden seine Vorstellungen.

Ich selbst habe keine Angst vorm Fliegen mehr, sondern im Gegenteil, ich genieße es inzwischen.

Wenn ich weiß, dass ich bald fliegen werde, denke ich daran, wohin ich fliege und was ich dort sehen werde. Begeistert sage ich zu mir: »Das wird ein richtig schöner Flug!« Ich stelle mir vor, wie ich mich zurücklehne und mich entspanne, kein Telefon klingelt, es gibt leckeres Essen und einen lustigen Bordfilm und obendrein richtig nette Flugbegleiterinnen.

Sobald der Rockstar gelernt hatte, den Film in seinem Kopf zu verändern, begann seine Angst vor dem Fliegen zu schwinden. Es dauerte nicht lange, und er hatte sich so umprogrammiert, dass er sich regelrecht auf seine nächste Konzerttour freute. Die Moral der Geschichte lautet wie folgt:

Wenn du lernst, die Bilder und Klänge in deinem Kopf zu verändern, erlangst auch du die bewusste Kontrolle über dein Leben.

Lass uns noch ein Experiment machen.

Denk an eine Person, die dir auf die Nerven geht und deren Gesellschaft du eher meidest. Stell dir ihr Gesicht vor, und beantworte folgende Fragen:

- Siehst du das Gesicht in Farbe oder in Schwarzweiß?
- Siehst du es mehr links oder mehr rechts oder genau vor dir?
- Ist es groß oder klein?
- Hell oder dunkel?
- Bewegt es sich, oder ist es regungslos?

Wir wollen nun sehen, wie diese Person in deiner Vorstellung aussieht. Spiel mit den Veränderungen, und schau, was dabei passiert:

> **Deine geistigen Filme**
>
> 1. Wenn dein geistiges Abbild dieser Person sich bewegt, dann halt es an, sodass du ein feststehendes Bild bekommst.
>
> 2. Wenn das Bild in irgendeiner Form farbig ist, dann entferne im Geist jegliche Farbe, bis es wie ein altes Schwarzweißfoto aussieht.
>
> 3. Verkleinere das Bild, bis es ganz winzig ist.
>
> 4. Verändere deinen Abstand zu diesem Bild – schieb es weiter weg.
>
> 5. Gib der Person eine Clown-Nase, rosafarbenes Haar und Mickymaus-Ohren.
>
> 6. Stell dir den Klang ihrer Stimme vor. Verändere nun die Stimme, bis sie tief und sexy klingt. Verändere sie dann erneut, bis sie hoch und piepsig ist wie die einer kleinen Maus.

Indem du diese Veränderungen in deinen inneren Bildern vornimmst, programmierst du deine Gefühle neu. Denk erneut an die Person, nachdem dies geschehen ist. Was empfindest du jetzt ihr gegenüber? Höchstwahrscheinlich ruft sie jetzt keine unangenehmen Gefühle mehr hervor. Und du hast mit Sicherheit nicht nur jetzt andere Gefühle in Bezug auf diese Person, sondern auch, wenn du sie das nächste Mal triffst.

Sie wird dadurch auch anders auf dich reagieren, wodurch sich die Dynamik eurer Beziehung verbessert.

Das grundlegende Prinzip hinter all dem lautet:

Bilder, die größer, heller und schärfer sind, haben eine stärkere emotionale Intensität als unscharfe und verschwommene Bilder, die weiter weg sind.

Als Nächstes möchte ich dich damit bekannt machen, welchen erstaunlichen Unterschied es macht, ob du dich innerhalb oder außerhalb einer Erinnerung befindest. Es handelt sich dabei um eine weitere Technik, um dein Denken zu kontrollieren. Sie nennt sich »Dissoziation«:

1. Erinnere dich an ein *leicht* unangenehmes Ereignis.

2. Während du beobachtest, was für ein Bild oder welche Bildabfolge in deinem Bewusstsein erscheint, tritt geistig aus dir heraus, sodass du deinen Kopf von hinten sehen kannst. Zieh dich von dem Bild zurück, und entferne dich geistig so weit wie möglich davon. Geh aus dem Bild heraus, sodass du das Ereignis, in dem du dich gedanklich noch befindest, aus großer Entfernung sehen kannst. Dieser Prozess der Dissoziation reduziert die Intensität der Gefühle, die durch das Bild hervorgerufen werden.

Lass uns nun den Spieß umdrehen und in ein positives Bild eintauchen. Dieser Vorgang nennt sich »Assoziation«:

1. Erinnere dich an eine Zeit, in der du dich richtig wohl gefühlt hast, und lass das dazugehörige Bild in dir entstehen.

2. Diesmal tauchst du voll in das Bild oder die Bilderfolge ein, sodass du das Ereignis mit deinen eigenen Augen siehst, mit deinen eigenen Ohren hörst und dich rundum wohl in deinem Körper fühlst.
3. Mach das Bild größer, die Geräusche und Klänge lauter und die Gefühle stärker.

Es ist ganz einfach: Um die Intensität zu reduzieren, musst du aus dem Bild heraustreten und dich so weit von ihm entfernen, bis es ganz klein ist; um die Intensität zu verstärken, musst du hingegen in das Bild eintauchen und es vergrößern.

Ich war neulich erst auf einer Dinnerparty und saß neben einer Frau, die mir erzählte, dass sie seit einem Motorradunfall Schlafstörungen habe. Als ich sie bat, mir zu erzählen, warum sie sich schlecht fühlte, beschrieb sie den Schrecken des Unfalls so, als würde er immer wieder in ihr ablaufen. Mir war sofort klar, dass sie sich innerhalb des Bildes an den Vorfall erinnerte (Assoziation).

Ich bat sie, so weit aus dem erinnerten Bild herauszutreten (Dissoziation), dass sie schließlich von hinten auf ihren Kopf blickte, während sie das Bild in weite Entfernung rückte und schwarzweiß werden ließ. Die Anspannung in ihrem Gesicht ließ schlagartig nach, und ihre Muskeln entspannten sich. Ich riet ihr, sich in Zukunft nur im Zustand der Dissoziation an diesen Vorfall zu erinnern. Zwei Wochen später rief sie mich an und erzählte mir, dass sie wieder wunderbar schlafen konnte und sich insgesamt viel besser fühlte.

Hier ist ein einfaches Schaubild, an dem du dich orientieren kannst:

Zweiter Tag Eine Gebrauchsanweisung für dein Gehirn

Um unangenehme und stressige Erfahrungen abzuschwächen:	Um positive und Gewinn bringende Erfahrungen zu verstärken:
♦ Tritt aus dem Ereignis heraus (Dissoziation)	♦ Tauche voll in das Bild ein (Assoziation)
♦ Halte den Film an	♦ Mach aus dem Bild einen Film
♦ Mach das Standbild kleiner, und entferne dich von ihm	♦ Vergrößere das Geschehen, und hol es näher heran
♦ Mach das Bild schwarzweiß und lass es verschwimmen	♦ Intensiviere die Farben, die Klarheit und die Helligkeit
♦ Lasse die Klänge und Geräusche leiser und weniger werden	♦ Hole die Klänge und Geräusche näher heran, und verstärke sie (es sei denn, es handelt sich um ein stilles Ereignis)

Innere Bilder haben sogar die Kraft, aus einem Verlierer einen Gewinner zu machen. Vor ein paar Jahren kam ein Olympiasieger zu mir, der unter einem Verlust an Selbstvertrauen litt. Sein Sportpsychologe hatte ihm geraten, immer und immer wieder zu visualisieren, dass er den Lauf gewinnen würde.

Obwohl er sich schon unzählige Male vorgestellt hatte, den Lauf zu gewinnen, war er immer noch nicht zuversichtlich, dass es auch geschehen würde. Im Gegenteil, er machte sich nun große Sorgen um zwei Konkurrenten. Als ich ihn fragte, wie er sich seinen Sieg vorstellte, stellte sich heraus, dass er vom Ereignis dissoziiert war, sich also außerhalb des Bildes befand. Im Grunde genommen kommunizierte er damit an sein Gehirn, dass eine andere Person gewinnen würde.

Als ich ihn danach fragte, wie er sich seine sportlichen Gegner vorstellte, wurde deutlich, dass er sich von ihnen große, strahlende Bilder machte, in denen sie stark und selbstbewusst aussahen. Ich bat ihn, in das Bild vom Sieg einzutauchen (Assoziation) und gleichzeitig den Anblick seiner Konkurrenten auf ein kleines Schwarzweißbild schrumpfen zu lassen. Er übte dies ein paar Mal, bis er es automatisch konnte. Am nächsten Tag erzielte er beim Laufen eine persönliche Bestzeit.

Um es auf den Punkt zu bringen:

Wie du dich in jedem Moment fühlst, ist das direkte Resultat davon, wie du deinen Körper und die Bilder und Klänge in deinem Geist benutzt.

Da du nun weißt, wie du deinen Gefühlszustand aktiv beeinflussen kannst, bist du nicht mehr von anderen Menschen oder besonderen Umständen abhängig. Indem du die Verantwortung für deine geistigen Bilder übernimmst, für die Dinge, die du dir selbst erzählst (und wie du sie dir erzählst) und für die Art und Weise, wie du deinen Körper benutzt, kannst du deine Gefühle in jeder beliebigen Situation selbst bestimmen.

Der innere Kritiker

Nichts nimmt dir schneller den Wind aus den Segeln als ein kritischer Kommentar von der falschen Person zur falschen Zeit. Und der schlimmste Kritiker, mit dem du es jemals zu tun hast, sitzt in deinem eigenen Inneren. Was du dir selbst einredest, hat grundlegende Auswirkungen auf deinen emotionalen Zustand.

> *»Die Stimme in deinem Kopf ist nicht die Stimme Gottes. Sie klingt nur so, als ob sie das von sich glauben würde.«*
> CHERI HUBER

Wenn du einen Fehler gemacht hast, solltest du auf den Tonfall deiner Stimme achten, mit der du zu dir selbst sprichst. Sagst du: »Fein, wieder etwas, woraus ich lernen kann!«, oder hört es sich eher so an: »Du blöder Idiot, du hast es diesmal wirklich vermasselt!« oder »Wann wirst du jemals lernen, nicht immer alles falsch zu machen?«

Erinnere dich an einen großen Fehler und was du danach zu dir selbst gesagt hast. Wie klingt es? Bist du kritisch oder wütend, sarkastisch oder resigniert?

Viele Menschen glauben, sie hätten deswegen eine innere Stimme, um auf sie zu hören. Aber Kritik sollte konstruktiv sein, und wenn deine innere Stimme dich nicht unterstützt, solltest du das folgende Experiment ausprobieren...

> **Der innere Kritiker**
>
> 1. Halte einen Moment inne, und sprich mit dir selbst in einem kritischen, unfreundlichen Tonfall.
>
> 2. Achte darauf, wo du diese Stimme erzeugst. Kommt sie eher aus deinem Kopf oder mehr von außen? Entsteht sie vorne, seitlich oder hinten?
>
> 3. Strecke deinen Arm aus, und halte den Daumen hoch.
>
> 4. Wo auch immer sich die kritische Stimme befand, schick sie durch deinen Arm bis in die Spitze deines Daumens, sodass sie nun zu dir von dieser Position aus spricht.
>
> 5. Sprich jetzt langsamer, und verändere deinen Tonfall. Lass deine Stimme sexy klingen oder wie Mickymaus piepsen.
>
> Auf diese Weise klingt sie viel weniger bedrohlich, nicht wahr?

Obwohl du die Stimme in deinem Kopf relativ leicht verändern kannst, ist es wichtig, sich daran zu erinnern, dass die kritische Stimme eine positive Absicht hat – nämlich dafür zu sorgen, dass uns keine Fehler mehr unterlaufen und uns dabei zu helfen, die Dinge besser zu machen. Dennoch muss die Kritik konstruktiv sein, wenn sie irgendeinen Nutzen haben soll.

Stell dir vor, du willst einem Kind dabei helfen, etwas Neues zu lernen. Wenn du es ständig anschreist, sobald es einen Fehler macht und ihm dauernd erzählst, wie unfähig es ist, wird es schnell alles Selbstvertrauen verlieren. Wenn du es jedoch mit ermutigender Stimme darauf hinweist, worauf es achten sollte oder wie es etwas besser machen könnte, wirst du ein vollkommen anderes Resultat erzielen.

Probiere diese Haltung nun an dir selbst aus:

1. Erinnere dich an einen Fehler, für den du dich scharf kritisiert hast. Erinnere dich genau an deine Worte.
2. Überleg dir nun, ob du die Kritik nicht auch auf ermutigende Weise ausdrücken kannst.
3. Tauche wieder in den Vorfall ein, in dem du einen Fehler gemacht hast. Kritisiere dich nun auf konstruktive Weise.

Achte die nächsten Tage besonders darauf, wie du mit dir sprichst. Verändere deinen Tonfall und den Inhalt deiner Kritik so lange, bis du dich besser damit fühlst.

Der Punkt ist folgender:

Du hast die Wahl. *Du* entscheidest, was geschieht.

Wie du in jedem Moment deine Gefühle bestimmst

Obwohl es wunderbar ist, wenn du deinen Zustand von einem Moment auf den anderen verändern kannst, von noch größerem Nutzen ist die Fähigkeit, in den Situationen voll da zu sein, in denen du in Bestform gefragt bist. Olympische Spitzenathleten trainieren nicht vier Jahre lang ihren Körper und hoffen dann darauf, dass sie an dem entscheidenden Tag »gut drauf« sind. Sie programmieren ihren Körper und ihren Geist darauf, im Moment des Wettkampfs »automatisch« die volle Leistung zu bringen.

Damit du selbst sehen kannst, wie es sich anfühlt, deinen Körper und deinen Geist auf Erfolg zu programmieren, möchte ich dich mit zwei Übungen vertraut machen, mit deren Hilfe du dein Selbstvertrauen in jeder Situation aufmöbeln kannst. Du kannst immer wieder zu diesem Abschnitt zurückkehren und jedes Gefühl durch ein anderes ersetzen.

Je öfter du diese Übungen machst, desto selbstsicherer wirst du.

Es spielt dabei keine Rolle, ob dein Selbstvertrauen durch diese Übungen sofort einen gewaltigen Sprung macht oder ob es sich Schritt für Schritt entwickelt. Ich habe zum Beispiel Menschen gesehen, die vor Angst zitterten und diese Angst in nur wenigen Minuten überwunden hatten. Ich kenne auch Personen mit starkem Lampenfieber, die sich so weit entwickelten, dass sie vor einem Publikum sprechen konnten, als täten sie dies schon ihr ganzes Leben.

Lass uns also loslegen. Lies dir erst die ganze Übung durch, damit du mit den einzelnen Schritten vertraut wirst, und fang dann einfach an!

Zweiter Tag Eine Gebrauchsanweisung für dein Gehirn

Wie du dein Vertrauen gezielt aktivierst

1. Halte deinen Kopf gerade in einer bequemen und entspannten Position. Fühle, wie deine Wirbelsäule dich stützt. Stell dir vor, ein goldener Lichtstrahl verläuft durch deine Wirbelsäule bis hoch in den Himmel und unterstützt dich. Entspanne dich, und lasse dich von diesem Strahl halten. Diese aufrechte Haltung ist die natürliche Position des Vertrauens, und sie wird dir bald so selbstverständlich sein wie das Atmen.

2. Erinnere dich nun an eine Zeit, in der du voller Vertrauen warst. Kehre wieder ganz in diese Zeit zurück. Schau dir erneut an, was du damals gesehen hast; höre, was du gehört hast, und fühle, wie gut es dir ging. (Wenn du dich nicht an eine bestimmte Zeit erinnern kannst, stell dir einfach vor, wie viel besser dein Leben wäre, wenn du voller Vertrauen wärst und dich vollkommen sicher fühltest – wenn du voller Kraft und Selbstvertrauen wärst.)

3. Mach nun die Farben stärker und heller, die Klänge und Geräusche lauter, und lass es zu, dass sich dein Gefühl des Vertrauens intensiviert.

4. Nimm wahr, wo das Gefühl des Vertrauens in deinem Körper am stärksten ist. Gib ihm eine bestimmte Farbe, und fülle den ganzen Körper von Kopf bis Fuß damit aus. Verdopple die Leuchtkraft der Farben. Verdopple sie erneut!

Fortsetzung

> 5. Wiederhole die Schritte 2 bis 4 mindestens fünfmal. Stell dir die Situation, in der du voller Vertrauen warst, erneut lebhaft und in allen Einzelheiten vor. Du kannst dafür entweder die gleiche oder jedes Mal eine andere Situation benutzen.

Der Vertrauensschalter

Da du nun weißt, wie du dein Vertrauen gezielt stärken kannst, hättest du vielleicht auch gern einen »Schalter«, mit dessen Hilfe du dein Vertrauen bei Bedarf »anknipsen« kannst?

Gegen Ende des 19. Jahrhunderts führte der russische Wissenschaftler Pawlow ein paar berühmt gewordene Experimente durch. Er bot seinen Hunden Futter an und läutete zur gleichen Zeit mit einer Glocke. Nachdem er dies ein paar Mal getan hatte, assoziierten die Hunde die Glocke mit Futter und begannen Speichel abzusondern. Pawlow hatte also eine Verbindung zwischen der Glocke und der Fütterungszeit hergestellt. Es gab keine logische Verbindung zwischen diesen beiden Dingen, aber durch die ständige Wiederholung entstand im Kopf der Hunde eine neurologische Verbindung.

Der einfache wissenschaftliche Grund dafür ist folgender: Das Gehirn besteht aus mehreren Millionen Nervenverbindungen, und jede Idee oder Erinnerung bewegt sich auf ihrer eigenen Bahn. Immer, wenn wir etwas Neues tun, erzeugen wir eine neue Nervenverbindung, sodass wir beim nächsten

Zweiter Tag Eine Gebrauchsanweisung für dein Gehirn

Mal leichteren Zugang zu der Erfahrung haben. Jedes Mal, wenn wir ein bestimmtes Verhalten wiederholen, verstärken wir die dazugehörige Nervenbahn. Wenn du oft den gleichen Weg über eine Wiese läufst, wird der Pfad dadurch auch immer deutlicher.

Forschungen haben ergeben, dass die Nervenbahnen im Gehirn durch wiederholtes Verhalten tatsächlich physisch stärker werden. Aus diesem Grund entstehen bei manchen Menschen automatische Gewohnheiten, wie zum Beispiel rauchen und zu viel essen. Wir können die gleiche mentale Architektur dafür benutzen, um Nervenbahnen anzulegen, die zu Glück und Erfolg führen. Mit ihrer Hilfe können wir Verbindungen schaffen, die es uns ermöglichen, bestimmte Gefühle nach Belieben »anzuschalten«.

Ich erinnere mich, wie ich vor Jahren mit meiner Live-Hypnose-Show im größten Theater von London auftreten sollte. Ich war nie zuvor an solch einem Ort aufgetreten, und als ich ein paar Tage vor der Show auf der Bühne stand und das riesige leere Auditorium vor mir sah, fühlte ich Angst in meiner Magengrube.

Um das Vertrauen »anschalten« zu können, das ich brauchte, um volle Leistung bringen zu können, machte ich die gleiche Übung, die ich dir gleich vorstellen werde. Ich schuf eine Verbindung zwischen dem Gefühl des Vertrauens und einer einfachen körperlichen Geste und stellte mir lebhaft vor, dass es eine wunderbare Vorstellung werden würde.

Am Abend meines Auftritts war ich mir ein wenig unsicher, wie ich mich wohl fühlen würde, wenn ich dort draußen stünde. Dennoch, in dem Moment, in dem ich auf die Bühne ging, hatte ich das Gefühl, dass sich eine große Ruhe auf mich herabsenkte, und ich glitt durch eine perfekte Aufführung. Trotz der unvermeidlichen Herausforderungen, vor die ich gestellt wurde, fühlte ich mich so ruhig und gelassen, dass ich mit allem mühelos fertig wurde.

Ich werde dir zeigen, wie du einen starken positiven Zustand annehmen kannst. Jedes Mal, wenn du dich so richtig wohl fühlst, solltest du Daumen und Mittelfinger einer Hand zusammenpressen, um eine Verbindung zwischen Vertrauen und einer körperlichen Geste zu schaffen. Mit der Zeit wird diese Geste dein Vertrauensschalter, der dich willentlich in einen Zustand vollständigen Vertrauens eintreten lässt.

Hier ist nun die Übung, genau so wie ich sie für mich selbst benutze. Bevor du sie machst, lies dir zunächst wieder alles durch, sodass du mit den einzelnen Schritten vertraut bist …

Der Vertrauensschalter

1. Erinnere dich an eine Zeit, in der du voller Vertrauen warst. Kehre ganz in diese Zeit zurück. Schau dir erneut an, was du damals gesehen hast; höre, was du gehört hast und fühle, wie gut es dir ging. (Wenn du dich nicht an eine bestimmte Zeit erinnern kannst, stell dir einfach vor, wie viel besser dein Leben wäre, wenn du voller Vertrauen wärst und dich vollkommen sicher fühltest – wenn du voller Kraft und Selbstvertrauen wärst.)

Zweiter Tag Eine Gebrauchsanweisung für dein Gehirn

2. Während du diese Erinnerung erneut erlebst, mach die Farben stärker und heller, die Klänge und Geräusche lauter, und intensiviere die Gefühle.

3. Spüre, wie gut du dich fühlst, und drücke Daumen und Mittelfinger einer Hand zusammen.

4. Behalte Daumen und Mittelfinger zusammengedrückt, und vergegenwärtige dir erneut das gute Gefühl.

5. Wiederhole die Schritte 1 bis 4 mehrere Male mit verschiedenen positiven Erinnerungen. Mach dies so lange, bis das Zusammendrücken von Daumen und Mittelfinger dazu führt, dass sich die guten Gefühle »von selbst« einstellen.

6. Lass Daumen und Mittelfinger weiterhin zusammen, und führe dir eine Situation vor Augen, in der du mehr Vertrauen empfinden möchtest. Stell dir vor, dass die Dinge perfekt laufen, genau so wie du es dir wünschst. Sieh, was du sehen wirst; höre, was du hören wirst und fühle, wie gut es sich anfühlt.

Mach diese Übung jeden Tag. Dein Gehirn ist sehr sensibel und reagiert sehr fein. Wenn du mehr Vertrauen empfindest, während du dir diese Situationen geistig vorstellst, dann wirst du auch mehr Vertrauen haben, wenn sie in der realen Welt auftauchen.

Wann immer du dich vor eine Herausforderung gestellt siehst, denk an deinen Vertrauensschalter und drücke Daumen und Mittelfinger zusammen. Konzentriere dich dann für ein paar Augenblicke, und betritt deinen inneren Zustand des Vertrauens!

Das Geheimnis des Charismas

Wir alle kennen Menschen, die eine magische Ausstrahlung umgibt. Wenn sie den Raum betreten, steigt die Energie, und wir fühlen uns zu ihnen hingezogen. Irgendetwas an ihnen macht sie auf mysteriöse Weise attraktiv. Viele Hollywoodstars sind keine brillanten Schauspieler, aber irgendetwas strahlt aus ihrem Innern, das viele, viele Menschen anzieht. Sie verfügen über eine besondere Qualität, die wir Charisma nennen.

Charismatische Persönlichkeiten fühlen sich in sich selbst wohl. Weil sie mit sich zufrieden sind, suchen sie nicht verzweifelt nach Anerkennung und manipulieren andere Menschen nicht, damit diese sie mögen. Ironischerweise ist diese Haltung genau der Grund, warum wir uns von ihnen angezogen fühlen.

Wir werden uns jetzt zwei meiner Lieblingstechniken vornehmen, um dein Selbstwertgefühl in Schwung zu bringen, damit du mit dir selbst ins Reine kommst und der Welt charismatisch gegenübertreten kannst.

> **Die Augen der Liebe**
>
> 1. Schließe deine Augen, und denke an jemanden, der dich liebt oder dem du etwas bedeutest. Stell dir vor, wie diese Person aussieht und wie sie direkt vor dir steht.
>
> 2. Tritt vorsichtig aus deinem Körper heraus und in den Körper der Person ein, die dich liebt. Sieh mit ihren Augen; hör durch ihre Ohren, und fühle die Liebe und die guten Gefühle, die sie dir gegenüber hegt, während du dich selbst anschaust. Achte auf jedes Detail, das diese Person an dir liebt und schätzt. Erkenne und wertschätze diese erstaunlichen Qualitäten, die du vielleicht bislang an dir selbst noch gar nicht wahrgenommen hast.
>
> 3. Geh wieder zurück in deinen eigenen Körper, und nimm dir einige Augenblicke Zeit. Genieße das gute Gefühl zu wissen, dass du geliebt und geschätzt wirst, weil du so bist, wie du bist.

Die nächste Übung eignet sich sehr gut dafür, dich als Person attraktiver zu fühlen. Sie stammt von meinem Kollegen Michael Breen. Du brauchst dafür einen Spiegel. Und dann wirst du eine Verbindung schaffen zwischen deinem Selbstbild und den vielen Komplimenten, die du im Laufe deines Lebens bekommen hast.

Diese Übung funktioniert deshalb so gut, weil jeder Mensch von Zeit zu Zeit Komplimente und Lob erhält. Manchmal mag es trivial klingen, wie zum Beispiel: »Hey, du siehst heute aber gut aus!« oder »Mein Freund meint, du hast es echt drauf!« Ein andermal sind Komplimente und Lob bedeutsamer, wie: »Weißt du überhaupt, wir sehr dich die Menschen respektieren?« oder »Danke, dass du so bist, wie du bist und das tust, was du tust.«

Ernsthafte, positive Anerkennung von anderen Menschen – besonders wenn es sich um Dinge handelt, die du aus deiner Perspektive entweder gar nicht oder nur teilweise siehst – kann dir sehr dabei helfen, deine eigenen Qualitäten mehr wertzuschätzen und zu lernen, dich selbst mehr zu respektieren.

Was an dir in Ordnung ist

1. Stell dich mit geschlossenen Augen vor einen Spiegel, und denke an eine Situation, in der du von einer Person, die du respektierst oder der du vertraust, gelobt worden bist. Lass diese Erfahrung in lebendigen Einzelheiten vor deinem geistigen Auge ablaufen.

2. Erinnere dich an das Kompliment und an die Aufrichtigkeit der Person, die es gesagt hat. Achte besonders auf deine Gefühle des Vertrauens und der Wertschätzung gegenüber dieser Person.

3. Wenn du sie so intensiv wie möglich fühlst, öffne deine Augen, und schau in den Spiegel. Erlaube dir, wirklich

> das zu sehen, was diese Person sah, und achte darauf, wie es sich anfühlt.
>
> 4. Wenn du dich wirklich wunderbar in deinem Körper fühlst, drück Daumen und Mittelfinger zusammen. Lass es zu, dass sich die Gefühle der Selbstliebe und des Selbstrespekts mit dem bereits vorhandenen Gefühl des Vertrauens vermischen.

Denke daran, diese Übungen jeden Tag zu machen, und sei nicht zu überrascht, wenn du immer zuversichtlicher wirst und an positiver Ausstrahlung gewinnst. Während dein Vertrauen von Tag zu Tag wächst, wirst du immer mehr Dinge tun, von denen du bislang nur geträumt hast.

Die Entwicklung deiner emotionalen Intelligenz

Wir kommen nun zum Schluss einer der wichtigsten Lektionen, die du jemals lernen wirst. Wir haben gesehen, wie wir unsere Gefühle beeinflussen können, indem wir unseren Körper anders benutzen, anders mit uns selbst sprechen und uns andere Bilder vorstellen. Werden wir dann nie mehr wütend oder traurig sein und nie mehr Angst haben?

Nun, für einige Menschen mag dies tatsächlich zutreffen, aber für die meisten von uns muss noch ein weiterer Aspekt unseres Emotionallebens erörtert werden.

Indem du dich mit deinen Gefühlen befasst, lernst du, deine emotionale Intelligenz wirklich zu gebrauchen. Deine Gefühle öffnen dir das Tor zu einer Welt des Verstehens und der Einsicht.

Ein Gefühl lässt sich mit jemandem vergleichen, der an deine Tür klopft, um eine Nachricht zu überbringen. Wenn die Nachricht dringend ist, klopft es laut. Ist sie sehr dringend, hämmert es sehr laut. Wenn du nicht an die Tür gehst, hämmert es lauter und lauter, bis du die Tür schließlich öffnest. Das Gefühl kann dir jetzt seine Nachricht überbringen. Sobald du auch nur einen Teil dieser Nachricht verstehst, verändert sich dein Selbstbild; das Gefühl hat seinen Job damit erledigt.

Dies bedeutet nicht, dass alle Gefühle dich sofort zum Handeln zwingen – das tun sie natürlich nicht. Aber wenn du dir die Weisheit deiner Gefühle erschließen willst, musst du dich mit ihnen befassen. Wir sollten uns daran erinnern, dass wir es mit einer großen Bandbreite an Emotionen zu tun haben – sie ist fast so groß wie unsere Bandbreite im Denken. Einige unserer Gedanken sind banal und bedeutungslos, andere sind bedeutsam und wertvoll. Das Gleiche trifft auf unsere Gefühle zu. Einige sind trivial und andere elementar.

Unglücklicherweise unterschätzt die westliche Kultur schon seit über dreihundert Jahren die Bedeutung der Gefühle. Viele westliche Kulturen legen sogar großen Wert darauf, emotionale Reaktionen zu unterdrücken oder gar gänzlich zu ignorieren. Dennoch gehört es zum echten Erwachsenwerden dazu, dass wir unsere Gefühle verstehen und mit ihnen umzugehen lernen. Dies ist genauso wichtig, wie zu lernen, klar zu denken oder unsere Hände zu benutzen, um zu schreiben, zu malen oder Dinge herzustellen.

An dieser Stelle fragst du dich vielleicht: Wie unterscheide ich zwischen Emotionen, die nur Reaktionen auf Bilder in meinem Kopf sind, und Gefühlen, die eine wichtige Botschaft transportieren, aus der ich lernen kann?

Die Antwort ist ganz einfach. Wenn Emotionen keine Bedeutung mehr für dein Leben haben, dann verschwinden sie, wenn du die Bilder in deinem Kopf veränderst. Wenn bestimmte Gefühle hingegen wichtig sind und sich auf die reale gegenwärtige Situation beziehen, aus der du lernen sollst, dann werden sie immer wieder auftauchen. In diesem Fall solltest du dir diese Gefühle anschauen und verstehen, was sie dir sagen wollen. Wenn du wissen willst, wie das geht, brauchst du nur weiterzulesen …

Enthalte dich aller Negativität

Die letzte Übung für heute ist eine der kraftvollsten des ganzen Buches, von der jeder profitieren kann. Ich selbst habe 1990 mit dieser Methode angefangen und bemerkte fast augenblicklich, wie mein Selbstvertrauen wuchs und meine Fähigkeit, Probleme zu lösen und meine Ziele zu erreichen, auf erstaunliche Weise zunahm.

Wir haben bereits gesehen, dass ein bestimmtes Muster umso stärker wird, je öfter wir es wiederholen. Wenn wir über Jahre hinweg negative Einstellungen gepflegt haben, haben wir Negativität buchstäblich verinnerlicht.

Für den Rest der Woche werden wir dieses Muster unterbrechen. Wir werden Negativität bewusst vermeiden und uns stattdessen eine positive Sichtweise antrainieren. Und es geht nicht nur darum, es sich vorzunehmen, *sondern es in den nächsten sieben Tagen auch tatsächlich zu tun.* Allein dieser Lernprozess wird die Software deines Gehirns grundlegend verändern – und dir für den Rest deines Lebens von großem Nutzen sein!

Die Übung sieht folgendermaßen aus:

Wenn du dich in den nächsten sieben Tagen wegen irgendetwas schlecht fühlst, dann unterbrich das, was du tust (sobald dies möglich ist ohne Schaden anzurichten) und folge diesen fünf Schritten ...

Das Negativitäts-Fasten

1. *Finde heraus, warum du dich schlecht fühlst, und achte darauf, welche Bilder, Klänge oder Wörter in dein Bewusstsein treten.* Denk daran, dass deine Gefühle Signale sind, die dir mitteilen, wann du einem bestimmten Aspekt deiner Erfahrung besondere Aufmerksamkeit schenken solltest. Jedes Gefühl ist mit einem inneren Bild, Klang oder Wort verbunden.

2. *Hör auf die Botschaft oder positive Absicht des Gefühls.* Negative Emotionen sind Boten, die dir dein Körper und dein Geist schicken, um deine Aufmerksamkeit auf etwas Bestimmtes zu lenken. Wenn ich zum Beispiel

---

merke, dass ich angespannt bin und daraufhin innehalte und mich beobachte, dann sehe ich in mir das Bild einer bevorstehenden Besprechung. Mein Bewusstsein versucht mich davor zu warnen, was alles in dieser Besprechung schief gehen könnte. Es will außerdem sicherstellen, dass ich gut vorbereitet bin.

3. *Setze die Botschaft in die Tat um!* In unserem Beispiel könnte ich zum Beispiel eine Liste der Dinge erstellen, die ich tun sollte, damit diese Probleme gar nicht auftauchen können. Ich könnte mir dann mindestens eines von ihnen vornehmen und aus der Welt schaffen.

4. *Schalte den Überbringer aus.* Es ist, als ob du den Telefonhörer auflegst oder den Wecker neu stellst. Wenn ich die Warnung meines Bewusstseins erhalten habe, entferne ich alle Farben aus dem Bild, lasse es auf die Größe einer Postkarte schrumpfen und schicke es in weite Ferne. Wenn das Bild zurückspringt, dann gibt es noch etwas, das ich nicht beachtet habe und unbedingt herausfinden sollte.

5. *Programmiere die Zukunft so, wie du sie dir wünschst.* Stelle dir nun vor, dass alles genau so läuft, wie du es dir wünschst. Im Beispiel meiner bevorstehenden Besprechung entwerfe ich viele große und klare Bilder von diesem Ereignis. Ich lasse sie wie einen Film vor mir ablaufen, der mir zeigt, dass alles perfekt läuft, und ich schaue mir diesen inneren Film bis zum Happy End an.

Wende diesen erstaunlichen Prozess nun auf dich selbst an …

1. Denke an ein negatives Gefühl, und achte darauf, welches Bild in dir auftaucht. Stell dir die folgenden Fragen, wenn du dieses Bild betrachtest:
   - Ist es in Farbe oder schwarzweiß?
   - Wo befindet es sich? Ist es direkt vor dir oder eher zu deiner Linken oder Rechten?
   - Ist es groß oder klein?
   - Ist es ein Film oder ein feststehendes Bild?
   - Ist es eine realistische Darstellung, oder ist es eher transparent?
   - Gibt es Klänge oder Geräusche, die mit ihm verbunden sind?

2. Halte nun für einen Moment inne! All diese Informationen geben dem negativen Gefühl seine Kraft, und bis jetzt warst du dir dessen nicht bewusst. Nun, da du Bescheid weißt, kannst du dir anschauen, welche Absicht sich hinter dem Ganzen verbirgt. Was will das Gefühl dir mitteilen?

3. Denk nun für ein paar Augenblicke darüber nach, was es sein könnte. Wenn du genug Zeit hast, kannst du aufschreiben, was dir in den Sinn kommt. Wenn nicht, bitte dein Unterbewusstsein, dich bei der nächsten Gelegenheit daran zu erinnern.

4. Nimm nun alle Farbe aus dem Bild heraus. Lass es schrumpfen, und schiebe es weit von dir weg. Wenn es wie-

der näher kommt, solltest du dich fragen, ob du irgendetwas übersehen hast. Entziehe dem Bild danach erneut alle Farben, verkleinere es, und schiebe es noch einmal weit von dir weg.

5. Stell dir zum Schluss vor, wie dein Leben idealerweise für dich aussieht. Wer willst du sein, und wie möchtest du leben? Was würdest du gern tun? Was würdest du gern besitzen?

Wenn wir uns eine neue Gewohnheit antrainieren, gibt es irgendwann einen kritischen Moment. Es handelt sich dabei um den Punkt, an dem es leichter wird, sich anders zu verhalten, als stur an einer alten Gewohnheit festzuhalten. Wenn wir über diesen Punkt hinausgehen, wird es leichter, sich gesund zu ernähren, als weiterhin zu viel und zu fett zu essen. Es ist dann leichter, in großen Visionen zu denken, als immer davon auszugehen, dass sich in deinem Leben sowieso nichts verändern wird.

Jedes Mal, wenn du diese Übung praktizierst, wirst du einen Nutzen aus ihr ziehen, aber du kommst nur dann in den vollen Genuss ihrer erstaunlichen Effekte, wenn du über den kritischen Punkt hinausgehst. Mach die Übung in den nächsten sieben Tagen immer dann, wenn du dich wegen irgendetwas schlecht fühlst. Durch die bloße Wiederholung wirst du dich total auf Erfolg programmieren. Du wirst in deiner ganzen Art positiver und bekommst mehr Energie. Du betrachtest das Leben optimistischer und entdeckst neue Möglichkeiten, deine Ziele zu erreichen und erfolgreich zu sein, anstatt unterschwellig immer Angst zu haben und davon auszugehen, dass es ohnehin nichts bringt und alles sowieso »immer nur das Gleiche« ist.

Bis morgen also,
Paul McKenna

PS: Im nächsten Kapitel werden wir uns mit einer positiven Perspektive befassen – wie du jedes Problem als eine Möglichkeit sehen kannst, um zu lernen, dich zu verändern und erfolgreich zu sein!

Dritter Tag

Die Kraft der positiven Perspektive

Die Kunst,
die Dinge aus dem richtigen
Blickwinkel zu betrachten

Bevor du heute anfängst, solltest du dir wiederum kurz Zeit nehmen, um die Übung »Programmiere dein Selbstbild auf Erfolg« vom ersten Tag (Seite 39f.) noch einmal durchzugehen. Mache die folgende Übung, um dich in einen positiven Zustand zu versetzen.

1. Erinnere dich an eine Zeit, in der du dich richtig gut gefühlt hast. Kehre ganz in diese Zeit zurück. Nimm erneut wahr, was du damals gesehen und gehört hast und fühle, wie gut es dir ging. (Wenn du dich nicht an eine bestimmte Zeit erinnern kannst, stell dir einfach vor, wie viel besser dein Leben wäre, wenn du voller Vertrauen wärst und dich vollkommen sicher fühltest – wenn du voller Kraft und Selbstbewusstsein wärst.)

2. Während du diese Erinnerung erneut erlebst, mach die Farben stärker und heller, die Klänge und Geräusche lauter, und intensiviere die Gefühle.

3. Fühle, wie gut es dir geht, und drücke Daumen und Mittelfinger einer Hand zusammen.

4. Halte Daumen und Mittelfinger zusammengedrückt, und vergegenwärtige dir erneut das gute Gefühl. Denk an den Rest des heutigen Tages, der noch vor dir liegt. Stell dir vor, wie alles perfekt läuft, genau so wie du es möchtest. Nimm wahr, was du siehst und hörst, und spüre, wie gut sich alles anfühlt.

Herzlichen Glückwunsch! Du hast dich soeben auf einen großartigen Tag programmiert.

Dritter Tag Die Kraft der positiven Perspektive

Es gibt eine uralte Geschichte über einen Bauern in China. In einem Jahr war das Wetter sehr gut, und sein Getreide war prächtig gediehen. Alle Nachbarn meinten, wie glücklich er doch sei, so wunderbares Getreide zu haben, und er antwortete: »Vielleicht.« Einen Tag, bevor er mit der Ernte beginnen wollte, kam eine Herde wilder Pferde und zertrampelte sein ganzes Getreide. Seine Nachbarn kamen herbei und meinten, was für ein Pech er doch habe, all das schöne Getreide zu verlieren. Der Bauer antwortete: »Vielleicht.« Am nächsten Tag zog der Sohn des Bauern los und fing einen wilden Hengst und drei Stuten, und die Nachbarn waren wieder zur Stelle, um die Pferde zu bewundern und dem Bauern zu sagen, was für ein Glück er doch habe, worauf der Bauer nur sagte: »Vielleicht.« Am Morgen des nächsten Tages fing der Sohn an, die Pferde zu zähmen. Kaum hatte er den Hengst bestiegen, warf ihn dieser auch schon wieder ab. Beim Sturz brach sich der Sohn das Bein. Die Nachbarn trugen ihn ins Haus und bemitleideten den Bauern. Sie meinten, wie unglücklich er wohl sein müsse, da sein einziger Sohn so schlimm verletzt sei. Der Bauer entgegnete: »Vielleicht.« Am nächsten Tag kam die Armee des Kaisers auf ihrem Weg zu einer großen Schlacht ins Dorf, und alle gesunden jungen Männer wurden eingezogen. Der Sohn des Bauern jedoch brauchte nicht zur Armee, weil er ein gebrochenes Bein hatte. Alle Nachbarn erzählten dem Bauern, was für ein Glück er habe, dass sein einziger Sohn vom Kriegsdienst verschont blieb, doch der Bauer sagte nur: »Vielleicht.«

Die Kraft der positiven Perspektive

Vor ein paar Jahren traf ich den Schauspieler Will Smith auf einer Party. Ich sagte ihm, wie sehr ich seine Arbeit bewunderte und dass ich das Gefühl hatte, dass er eine Inspiration für viele Menschen sei. Er schaute mich an, dachte kurz nach und antwortete: »Danke. Vielen Dank. Aber ich muss gestehen, dass es auch nicht schwer für mich war – ich bin schwarz.«

> *Es gibt kein schlechtes Wetter – nur die falsche Kleidung.«*
> BILLY CONNOLLY

Als ich ihn bat, seine unerwartete Antwort näher zu erläutern, erzählte er mir, dass er sich schon als Kind angewöhnt hatte, alles aus dem richtigen Blickwinkel zu betrachten. Er versuche, aus jeder Situation etwas Positives zu ziehen, das ihn anspornt, bestimmte Dinge zu tun.

Eine der wichtigsten Aussagen dieses Buches lautet daher:

Auf welche Weise du die Dinge im Leben erfährst, wird hauptsächlich dadurch bestimmt, aus welcher Perspektive du es betrachtest. Wir fühlen und verhalten uns entsprechend der Bedeutung, die wir bestimmten Situationen und Ereignissen verleihen.

Einigen Menschen gelingt es, die Dinge immer von der positiven Seite zu sehen. Sie besitzen die Fähigkeit, jede Situation aus einem Blickwinkel zu betrachten, der sie selbst bestärkt. Sie betrachten eine scheinbar negative Situation aus einer Perspektive, die es ihnen erlaubt, auch etwas Positives zu entdecken. Für diese Menschen ist das Glas immer halb voll, wie leer es auch allen anderen erscheinen mag.

Vor einiger Zeit traf ich den früheren Militärpiloten John Nichol, der während des Golfkriegs von den Irakern abgeschossen und schwer gefoltert worden war. Als ich ihn fragte, wie er es geschafft habe, das zu überstehen, erklärte er mir, wie er damals das Geschehen geistig verarbeitete: Er wusste, dass die Folter und die Schmerzen so oder so irgendwann aufhören würden. Entweder, weil seine Peiniger von ihm abließen oder weil er es nicht überlebte. Obwohl er sich in einer furchtbaren Lage befand, zog er die Kraft zum Überleben daraus, dass er wusste, das Ganze würde irgendwann aufhören.

Du kannst dein Leben mit der Kraft einer positiven Perspektive verändern – die heutige Lektion verrät dir, wie.

Medien und Sinngebung

Mit einer gezielten Berichterstattung kann man alles in einer bestimmten Sichtweise darstellen. In der Medienwelt wird heutzutage so viel »verdreht«, dass du nicht umhin kommst, die Verantwortung für deine Sichtweise zu übernehmen, denn sonst tut es ein anderer.

> »Wir ziehen uns nicht zurück, wir rücken bloß in eine andere Richtung vor.«
> GENERAL GEORGE S. PATTON

- ♦ Werbeleute bekommen viel Geld dafür, dass sie die ihnen anvertrauten Produkte im bestmöglichen Licht darstellen.

Sie tun dies, indem sie die Vorstellung kreieren, die Produkte würden die Käufer attraktiver, gesünder, glücklicher oder vornehmer machen.

- Öffentlichkeitsarbeit besteht darin, dein Anliegen so darzustellen, dass es im bestmöglichen Licht erscheint.
- Händler, Politiker und sogar Religionsvertreter sind Experten darin geworden, ihre Produkte und Dienstleistungen so darzustellen, dass sie edel, elegant und begehrenswert erscheinen.
- Die Nachrichtenmedien beeinflussen unsere Meinung dadurch, dass sie die Ereignisse auswählen, über die sie berichten. Diese Auswahl basiert in der Regel nicht darauf, was uns helfen könnte, selbst fundierte Entscheidungen zu treffen, sondern orientiert sich meistens nur an den zu erwartenden Einschaltquoten.

> »Wie dünn deine Scheibe auch ist, sie hat immer zwei Seiten.«
> BARUCH SPINOZA

In ähnlicher Weise, wie ein Fotograf entscheidet, was er in sein Bild aufnimmt und was nicht, werden die Bedeutungen, die wir Ereignissen in unserem Leben geben, durch die Erfahrungen bestimmt, die wir für wichtig halten. Unsere Interpretation einer Situation hängt davon ab, was wir in unseren Blickwinkel aufnehmen und was wir unbeachtet lassen.

Alles ist relativ – an dieser Erkenntnis führt kein Weg vorbei. Wenn eine bestimmte Situation negativ für dich ist, dann ist sie es dadurch, dass du sie mit einer Situation vergleichst, die du für besser hältst. Eins meiner Lieblingsbeispiele zu diesem Thema ist der Brief einer Studentin an ihre Eltern.

Liebe Mama und lieber Papa,

bitte entschuldigt, dass ich euch so lange nicht geschrieben habe, aber mein Schreibzeug wurde durch ein Feuer in meiner Wohnung zerstört. Ich bin inzwischen wieder aus dem Krankenhaus entlassen worden, und der Arzt sagt, dass ich in der Lage sein sollte, wieder ein normales Leben zu führen. Ein junger Mann namens Pete hat mich aus dem Feuer gerettet und mir freundlicherweise angeboten, seine Wohnung mit mir zu teilen. Er ist sehr nett und zuvorkommend und stammt aus einer guten Familie, und daher bin ich mir sicher, ihr habt nichts dagegen, dass wir letzte Woche geheiratet haben. Ich weiß, ihr werdet euch noch mehr freuen, wenn ich euch mitteile, dass ihr schon bald Großeltern werdet.

In Wahrheit hat es gar kein Feuer gegeben, und ich war auch nicht im Krankenhaus. Ich habe nicht geheiratet und bin nicht schwanger, aber ich habe mein Biologie-Examen nicht bestanden und wollte nur sicherstellen, dass ihr diese Nachricht aus der richtigen Perspektive betrachtet.

Liebe Grüße,
eure Tochter

Ich hatte einen Freund, der ein noch dramatischeres Beispiel dafür abgibt, wie wichtig es ist, alles aus der richtigen Perspektive zu betrachten. Monatelang erzählte er mir, wie sehr es ihn ängstigte, dass er nun bald vierzig sei und seine viel jüngere

Freundin ihn nicht heiraten wolle. So sehr ich ihm auch riet, sich deswegen keine Sorgen zu machen, er blieb dabei, sich weiterhin innerlich damit zu beschäftigen, was er als »das Schlimmste, was passieren könnte« betrachtete – dass er nämlich mit vierzig Jahren immer noch nicht verheiratet wäre und keine eigene Familie gegründet hätte.

Eines Tages bemerkte ich, dass er ruhiger schien und nicht mehr über seine Situation klagte. Als ich ihn fragte, was los sei, erzählte er mir, dass neulich bei seiner Freundin ein Knoten in der Brust festgestellt worden war. Obwohl sich der Knoten als gutartig herausstellte, erkannte er, dass angesichts der Bedrohung, sie durch Krebs zu verlieren, seine Sorge, noch nicht verheiratet zu sein, das weitaus geringere Problem war.

Da wir entscheiden können, aus welchem Blickwinkel wir bestimmte Ereignisse betrachten, haben wir mehr Auswahlmöglichkeiten. Eine größere Auswahl gibt uns eine größere Flexibilität, und wie wir gleich sehen werden, führt eine größere Flexibilität dazu, dass wir eine Situation leichter in unserem Sinn beeinflussen können.

Flexibilität ist Macht

Früher wurden Schiffsschrauben mit dicken Metallbolzen am Rumpf des Schiffes befestigt. Man war der Ansicht, dass sie länger hielten und sicherer wären, wenn sie aus dem härtesten Material bestünden. Leider waren die Bolzen so starr und unnachgiebig, dass sie sofort brachen, wenn die Schraube gegen ein Hindernis stieß. Heute werden Schiffsschrauben mit flexiblen Gummibolzen angebracht. Obwohl sie nicht so fest sind wie ihre Gegenstücke aus Metall, haben die Gummibolzen eine höhere Lebensdauer und gewährleisten durch ihre Geschmeidigkeit eine größere Sicherheit.

Forscher auf dem Gebiet der relativ neuen Wissenschaft der Kybernetik haben herausgefunden, dass die mächtigste Person in einer Gruppe diejenige ist, welche die größte Flexibilität an den Tag legt. Wer die Dinge von verschiedenen Seiten aus betrachten kann, hat eine größere Auswahl und daher mehr Möglichkeiten, auf bestimmte Situationen einzuwirken.

Die Dinge aus einer positiven Perspektive zu betrachten, bedeutet nicht, Probleme einfach zu ignorieren. Wenn du positiv denkst, bist du lediglich flexibel genug, deine Sichtweise für dich einzusetzen, anstatt zuzulassen, wie sie gegen dich arbeitet. Wenn ich mit Kindern zu tun habe, denen eine medizinische Operation bevorsteht, stelle ich das Ganze aus der Perspektive eines Spiels dar.

> »Wer die Tagesordnung festsetzt, bestimmt den Ausgang der Debatte.«
> NOAM CHOMSKY

Erwachsenen helfe ich dabei, ihre Angst als Aufregung zu betrachten und ihre Unschlüssigkeit und ihr Hinauszögern als »perfekten zeitlichen Einklang mit dem Universum«.

Es gibt kein »Versagen«

Durch meine Arbeit mit erfolgreichen Menschen habe ich im Laufe der Jahre gelernt, dass »Versagen« eine innere Einstellung ist und nicht das Resultat eines bestimmten Ereignisses.

Das heißt, Versagen ist nicht das Ergebnis deines Handelns, sondern Ausdruck der Perspektive, mit der du bestimmte Dinge betrachtest.

Nach seinem siebenhundertsten erfolglosen Versuch, das elektrische Licht zu erfinden, wurde Thomas Edison von einem Reporter der *New York Times* gefragt: »Wie fühlt es sich an, siebenhundertmal versagt zu haben?«

Die Antwort des großen Erfinders ist ein klassisches Beispiel für eine positive Perspektive:

»Ich habe nicht siebenhundertmal versagt. Ich habe kein einziges Mal versagt. Ich habe erfolgreich bewiesen, welche siebenhundert Wege nicht zum Ziel führen. Wenn ich all die Wege beseitigt habe, die nicht funktionieren, bleibt am Ende der Weg übrig, der zum Erfolg führt.«

Tausend weitere erfolgreiche Beweise für das, was nicht funktioniert, folgten, aber schließlich fand Edison heraus, wie es funktionierte. Und indem er dies tat, erhellte er die ganze Welt.

Edison hatte vor allem darin Erfolg, seine Tüftelei auf eine Weise zu betrachten, die seine Motivation aufrechterhielt. Er war in seinem Denken flexibel genug, um sich noch mehr Versuche zuzugestehen. Du kannst an die Herausforderungen deines Lebens mit der gleichen Flexibilität herangehen!

Hier ist eine Übung, mit deren Hilfe du die Kraft der Perspektive auf dein eigenes Leben anwenden kannst:

Dritter Tag Die Kraft der positiven Perspektive

Das Spiel mit der richtigen Perspektive

1. Denk an ein Vorhaben, das du in der Vergangenheit erfolgreich bewältigt hast. Welche Perspektive hat dich motiviert und bei der Stange gehalten? *Beispiele:*
»Mein Chef spornte unser Team an, indem er unsere Arbeit als Beitrag für die Allgemeinheit betrachtete.«
»Ich habe meinen Sohn dazu gebracht, seine Hausaufgaben zu machen, indem ich den Grad der Freiheiten, die er zu Hause hat, mit seinen schulischen Leistungen verknüpft habe.«

2. Denk an ein Vorhaben, an dem du gegenwärtig arbeitest oder das du für die Zukunft planst.

3. Welche Sichtweise würde dazu führen, dass du dein Interesse an dem Projekt oder Ziel verlierst? *Beispiele:*
»Es bestehen keine Erfolgsaussichten.«
»Selbst wenn ich das Projekt erfolgreich abschließe, wird es mir nichts bringen.«
»Solche Projekte sind gerade der letzte Schrei.«

4. Welche Perspektive könntest du dem Projekt oder Ziel geben, sodass sich dein Interesse erhöht und du dein Vorhaben unbedingt in die Tat umsetzen willst? *Beispiele:*
»Wer mit den meisten Freunden stirbt, gewinnt.«
»Was auch immer dabei herauskommt, es wird die Erfahrung wert sein.«
»Das Universum möchte, dass ich erfolgreich bin.«

Eine Frage der Perspektive

Fragen sind ein einfaches, aber wirkungsvolles Werkzeug, das wir alle täglich benutzen, um unsere Sichtweise zu bestärken.

Durch Fragen richten wir unsere Wahrnehmung aus und bestimmen damit das Maß all dessen, was wir ständig erfahren – sei es Erfolg, Liebe, Angst, Wut, Freude oder Verwunderung. Viele Menschen, mit denen ich arbeite, sind in schmerzlichen Zuständen gefangen, weil sie sich kontinuierlich negative Fragen stellen.

Nehmen wir zum Beispiel die Frage: »Warum kann ich dies nicht tun?« Diese Frage impliziert, dass a) es etwas zu tun gibt und b) du es nicht tun kannst.

Allein um die Frage richtig zu verstehen, fängt dein Gehirn sofort an, nach allen möglichen Gründen zu suchen, warum du das, was getan werden muss, »nicht tun kannst«. Egal, was für eine Antwort du auch gibst, du akzeptierst damit die grundlegende Annahme, welche die Frage dir unterschwellig vermittelt.

Stell dir alternativ dazu die folgende Frage: »Was muss ich tun, damit dies auf einfache Weise funktioniert?« Eine solche Frage setzt voraus, dass a) es funktionieren kann, b) es viele Möglichkeiten gibt, wie es funktioniert und c) es auf einfache Weise erledigt werden kann. Diese positiven Annahmen und Voraussetzungen geben eine Richtung vor, und dein Gehirn versucht dann, die Dinge nach dieser Vorgabe umzusetzen.

Fragen lenken deinen Fokus, und als Antwort erhältst du das, worauf du deine Aufmerksamkeit richtest. Wenn deine Lebensqualität nicht sehr hoch ist, solltest du dir deine inne-

Dritter Tag Die Kraft der positiven Perspektive

ren Fragen anschauen und überlegen, wie sie formuliert sein müssen, damit du sie positiv für dich nutzen kannst.

Einige Beispiele für allgemein übliche, aber wenig hilfreiche Fragen lauten:

- Warum geschieht mir immer das Gleiche?
- Warum mag ich mich nicht?
- Warum gelingt es mir nie, Gewicht zu verlieren?

Stell dir nun eine neue Frage:

Wie muss ich fragen, damit etwas Positives dabei herauskommt?

Ich werde dir nun zeigen, wie dich Fragen innerlich bestärken können. Beginne, indem du Fragen stellst, die das Positive schon voraussetzen, zum Beispiel:

- Wie kann ich dieses Problem auf die eleganteste Weise lösen?
- Auf wie vielen verschiedenen Wegen kann ich dieses Problem lösen?
- Wie kann ich am einfachsten damit aufhören, bestimmte Dinge zu tun?

Diese Fragen machen dein Gehirn aufnahmefähig für positive Informationen und versetzen dich in einen Zustand, in dem dir mehr Möglichkeiten offen stehen. Wenn du nicht glücklich bist mit der Antwort, die du bekommst, kannst du entweder eine andere Frage stellen oder so lange weiterfragen, bis du mit dem Ergebnis zufrieden bist. Dein Gehirn wird so lange Ausschau halten, bis eine brauchbare Antwort gefunden ist.

Die Arbeit von Byron Katie

Durch einen Mangel an emotionaler Flexibilität berauben sich die Menschen zu oft ihrer vielfältigen Entscheidungsmöglichkeiten. Indem ich Fragen stellte, welche die Menschen ermutigten, ihre Erfahrungen in einem anderen Licht zu sehen, habe ich erlebt, wie viele sich in kürzester Zeit von jahrelangen schmerzlichen Emotionen befreien konnten.

Byron Katie, Autorin des wunderbaren Buchs *Lieben was ist*, empfiehlt ein paar einfache, aber erstaunlich effektive Fragen, die dabei helfen, Ärger, Angst und Wut sehr schnell zu überwinden. Sie beginnt mit der Frage, ob es eine Person gibt, die etwas getan hat, das du ihr noch nicht vergeben hast. Sie fragt dabei nach detaillierter Information, wie zum Beispiel: Wie soll sich diese Person deiner Meinung nach verändern? Was sollte sie tun oder nicht tun? Was brauchst du von ihr, um glücklich zu sein?

Sobald deutlich geworden ist, was den Ärger bewirkt hat, stellt Byron Katie vier einfache Fragen:

1. **Ist es wahr?** Danach gefragt, ob ihre Sichtweise auch der Wahrheit entspreche, antworten die meisten Menschen mit einem ausdrücklichen Ja. Dennoch hakt die zweite Frage genauer nach:

Dritter Tag Die Kraft der positiven Perspektive

2. **Woher weißt du *wirklich*, dass es wahr ist?** Viele Menschen überrascht es, dass sie nicht eindeutig sagen können, ob das, was sie aufregt, auch tatsächlich der Wahrheit entspricht. Dadurch findet bereits eine Verschiebung der Wahrnehmung statt.

3. **Was bewirkt es in dir, wenn du diesen Gedanken denkst/dir diese Geschichte erzählst?** Diese Frage bringt dich mit den negativen Konsequenzen, dem ganzen Stress und deiner geistigen Aufregung in Berührung. Es wird schnell offensichtlich, dass diese Sichtweise bestenfalls unproduktiv ist, wenn nicht sogar gezielt destruktiv.

4. **Wer bist du, wenn du nicht diesen Gedanken denkst oder dir diese Geschichte erzählst?** Um diese Frage ehrlich beantworten zu können, musst du die Begrenzungen durch deine negative Sichtweise, die du anfangs dargelegt hast, hinter dir lassen. Sobald du dies tust, fängst du an, dich besser zu fühlen.

An diesem Punkt sind die meisten Menschen bereit, ihren Ärger und Groll loszulassen und sich geistig und emotional zu entspannen. Du kannst mit diesen Fragen immer dann arbeiten, wenn du über eine begrenzende Sichtweise hinausgehen willst.

Möglichkeitsfragen

Einer der Unterschiede zwischen einem Genie wie Albert Einstein und vielen anderen Wissenschaftlern seiner Zeit bestand darin, dass er die klügeren Fragen stellte. Einstein konnte besonders gut Fragen stellen, die ich »Möglichkeitsfragen« nenne. Diese Fragen richten das Bewusstsein auf das aus, was möglich ist, aber bislang noch nicht in Erwägung gezogen wurde.

Denk an eine Situation, die schwierig für dich war, und stell dir die folgenden Möglichkeitsfragen:

- Was würde geschehen, wenn dies einfach kein Problem mehr wäre?
- Was wäre nötig, damit alles in Ordnung ist?
- Gibt es eine einfache Lösung?
- Woran habe ich bislang noch nicht gedacht?
- Wenn ich einen entscheidenden Durchbruch auf diesem Gebiet machen könnte, wie sähe er aus?

Vergiss nicht die goldene Regel:

Worauf du deine Aufmerksamkeit richtest, das manifestiert sich in deinem Leben.

Bestärkende Fragen

Hier ist eine Methode, die du benutzen kannst, um von nun an die Kraft der positiven Perspektive auf dein eigenes Leben anzuwenden. Ich stelle mir diese Fragen jeden Morgen; sie zwingen mich, eine positive Haltung einzunehmen, denn nur so kann ich sie beantworten. Je genauer du bist, desto umfassender wird der positive Zustand sein, den du dir schaffst!

- Wer oder was in meinem Leben macht mich am glücklichsten?
- Wer oder was in meinem Leben gibt mir am meisten das Gefühl, geliebt zu werden?
- Wer oder was in meinem Leben erfüllt mich am meisten?
- Wer oder was in meinem Leben begeistert mich am meisten?
- Wer oder was in meinem Leben bestärkt mich am meisten?

Während ich eine Frage beantworte, stelle ich mir dazu ein lebhaftes inneres Bild vor, das ich dann immer mehr vergrößere. Wenn ich zum Beispiel daran denke, was mich wirklich glücklich macht, dann mache ich die Farben heller, die Klänge lauter und die Gefühle stärker. Nachdem ich alle Fragen gestellt und beantwortet habe, hat sich mein gesamtes Befinden zum Positiven gewandelt, und ich bin bereit, in den Tag zu starten!

Eine neue Sichtweise von Beziehungen

Das Geheimnis, gut mit anderen Menschen klarzukommen, besteht darin, die Welt auch durch ihre Augen sehen zu können oder – wie es die amerikanischen Ureinwohner ausdrücken – »einen Kilometer in ihren Mokassins zu gehen«.

Die Kraft der Perspektive machte aus dem großen indischen Führer Mahatma Gandhi einen legendären Unterhändler. Seine Fähigkeit, die Dinge aus verschiedenen Perspektiven heraus zu betrachten, gab seinem Denken und Handeln die nötige Flexibilität, um zu tragfähigen Lösungen zu kommen. Einige sind der Ansicht, dass er das Ende des britischen Empires herbeigeführt hat, weil er in der Lage war, sich die Dinge auch aus der Perspektive seiner Gegner vorzustellen. In den Verhandlungen über die Zukunft Indiens betrachtete er die Situation aus allen möglichen Blickwinkeln. Er stellte sich sogar vor, hinter seinen Verhandlungspartnern zu stehen und ihnen über die Schulter zu schauen. Oder er saß gedanklich so lange in ihren Stühlen, bis er das Gefühl hatte, dass er beinahe ihre Gedanken kannte. Weil er sich immer gründlich vorbereitete, erweckte er den Eindruck, dass er die Antworten auf alle Überlegungen und Anliegen schon kannte, bevor die Diskussion überhaupt angefangen hatte.

Meine eigene Erfahrung hat mich gelehrt, dass du dir über eines klar sein solltest, wenn du versuchst, die Situation aus der Perspektive deines Gegenübers zu sehen:

Die Menschen tun, was sie tun, weil es einem bestimmten Zweck dient oder ein bestimmtes Bedürfnis erfüllt.

Dritter Tag Die Kraft der positiven Perspektive

Ich persönlich gehe grundsätzlich davon aus, dass das Verhalten anderer Menschen durch eine positive Absicht gesteuert wird, selbst wenn sie eine Position einnehmen, die mit meinen eigenen Interessen in Konflikt zu stehen scheint. Wenn ich mich solch einer Situation gegenübersehe, stelle ich mir oft die Frage: »Welche positive Absicht könnte sich hinter diesem Verhalten verbergen?« Sie hilft mir, den Konflikt aus einer Erfolg versprechenden Perspektive heraus anzugehen.

Wenn du gegenwärtig in deinen Beziehungen zu anderen Menschen Schwierigkeiten hast, dann probiere diese einfache Übung aus:

Betrachte deine Beziehungen aus der richtigen Perspektive

1. Denke an jemanden, mit dem du ein Problem hast. Stell dir die ursprüngliche Konfliktsituation vor oder dass die entsprechende Person in diesem Moment vor dir steht. Nimm wahr, was du siehst, höre deinen inneren Dialog, und achte darauf, wie du dich fühlst. Entferne dich nun aus deiner Vorstellung, und lasse die negativen Gefühle los.

2. Stell dir nun vor, du befindest dich in den Schuhen der Person, mit der du nicht klarkommst. Wenn du möchtest, kannst du dir auch vorstellen, ihren Kopf wie einen Helm aufzusetzen, der zur Steuerung in der virtuellen

Fortsetzung

Realität dient. Wie sieht die Welt aus ihrer Perspektive aus? Was sagt die Person zu sich selbst in Bezug auf die Situation? Wie fühlt es sich an, in ihren Schuhen zu stehen? Entferne dich nun aus dieser Person, und lasse alles los.

3. Denke als Nächstes an jemanden, dessen Intelligenz und Weisheit du bewunderst. Es kann ein Freund sein, ein Mentor oder sogar eine historische Persönlichkeit. Schlüpf in die Schuhe dieser Person, und stell dir vor, wie sie euch beiden bei eurer Interaktion zuschaut. Wie nimmt sie die Situation als neutraler Beobachter wahr? Nimm jetzt eine Position ein, aus der du dich selbst und die Person sehen kannst, mit der du Schwierigkeiten hast. Schau dir genau an, was mit »diesen Leuten da drüben« geschieht. Was machen sie? Was sagen sie einander? Zu welchen Einsichten kommen sie im Bewusstsein dieses weisen Mentors? Was raten sie dir?

4. Schlüpfe zum Schluss wieder in deine eigenen Schuhe, und nimm mit, was du gelernt hast. Betrachte die Person, mit der du in Konflikt bist, im neuen Licht, und sage oder tue etwas, um zu einer glücklichen Auflösung zu gelangen.

Die Macht der Glaubenssätze

Unsere innere Einstellung und unsere Flexibilität hängen ganz wesentlich davon ab, was wir bezüglich uns und der Welt glauben. Im Laufe der Jahre habe ich häufig sehen können, dass der Unterschied zwischen einem normalen Arbeiter und einem Geschäftsführer, zwischen Erfolg und Misserfolg, zwischen Weltmeistern und Platzierten oft von den individuellen Glaubenssätzen abhing. Unsere Überzeugungen können unser Glück und unseren Erfolg, das Ausmaß unserer Intelligenz, die Qualität unserer Beziehungen und sogar unsere Gesundheit bestimmen.

In vielerlei Hinsicht haben unsere Glaubenssätze einen weit größeren Einfluss auf unser Leben als die objektive Wahrheit. Es spielt beispielsweise keine Rolle, wie weit du um die Welt reist – du kannst nicht von ihr herunterfallen. Aber Jahrtausende lang war man der Ansicht, dass die Erde flach sei, weshalb die meisten Menschen nicht einmal daran dachten, sich über den Horizont hinauszuwagen. Es war nur eine einzige Person notwendig, die bereit war, die Dinge anders zu sehen, um die gesamte Erfahrung auf diesem Planeten zu transformieren.

Glaubenssätze sind die Fenster, durch die du hinaus in die Welt blickst. Wenn dein Blickwinkel mit zu viel Negativität belastet ist – zum Beispiel mit Vorstellungen wie »die Welt ist ein gefährlicher Ort« oder »anderen Menschen kann man nicht vertrauen« –, dann nimmst du eine gefährliche Welt wahr, in der es nur so von Menschen wimmelt, denen man nicht trauen kann. Wenn du die negativen Glaubenssätze auf deiner

> Der legendäre Psychologe Abraham Maslow sagte zur Macht der Glaubenssätze Folgendes:
>
> *»Ein Patient achtete nicht auf sich selbst, weil er glaubte, ein Leichnam zu sein. Sein Psychiater verbrachte viele Sitzungen damit, ihn davon zu überzeugen, dass er keine Leiche war. Schließlich fragte der Psychiater den Patienten eines Tages, ob Leichen bluten. Der Patient blieb unnachgiebig.*
> *›Leichen bluten nicht‹, insistierte er. ›Alle körperlichen Funktionen haben aufgehört.‹*
> *Der Psychiater überredete den Patienten daraufhin, an einem Experiment mitzuwirken, in dem er mit einer spitzen Nadel in seine Fingerkuppe stach, um zu sehen, ob sie blutete. Und natürlich fing der Finger des Patienten an zu bluten, als die Nadel in die Haut eindrang.*
> *Mit erstauntem Blick rief der Patient daraufhin aus: ›Donnerwetter ... Leichen bluten doch!‹«*

Fensterscheibe jedoch durch positive ersetzt, wie beispielsweise »Die Welt ist ein freundlicher Ort« und »Ich kann mir selbst trauen«, dann lebst du in einer freundlichen Welt und triffst in jedem Lebensbereich die richtigen Entscheidungen.

Deine Glaubenssätze bestimmen deine Gefühle, deine Entscheidungen und in welche Richtung du letztlich im Leben gehst. Sie kontrollieren dich in deiner Gesamtheit. So wie ein Filmprojektor eine bestimmte Bildfolge auf die Leinwand wirft, so bestimmt dein Denken, was du von der Welt wahrnimmst.

Wenn du dich fragst, wie deine Glaubenssätze lauten, brauchst du dir nur anzuschauen, wie du dich fühlst. Hast du das Gefühl, dass du dein Leben bestimmst? Fühlst du dich stark und voller Energie? Bist du die meiste Zeit über außergewöhnlich glücklich?

Wenn nicht, wird dieser letzte Abschnitt der heutigen Lektion sehr wichtig für dich sein ...

Die sieben grundlegenden Glaubenssätze der Supererfolgreichen

Im Laufe der Jahre hatte ich die Gelegenheit, viele Menschen, die in unserer Kultur als erfolgreiche Persönlichkeiten gelten, kennen zu lernen und mit ihnen zu arbeiten. Es handelte sich dabei um außergewöhnliche Individuen aus der Geschäftswelt, aus Kunst, Sport und so weiter. Als Resultat meiner Arbeit mit ihnen habe ich sieben grundlegende Erfolgsprinzipien entdeckt, die alle glücklichen und gesunden Erfolgsmenschen gemein haben.

Denk daran, ein Glaubenssatz ist mehr als eine Perspektive – er ist ein Fenster, durch das du in die Welt schaust. Wenn du die Welt durch das Fenster einer positiven Perspektive betrachtest, wird dein Standpunkt flexibler, und du wirst bald grundlegende Verbesserungen in deinem Leben beobachten können. Mach dir keine Gedanken darüber, ob diese Dinge tatsächlich der Wahrheit entsprechen oder nicht – stell dir einfach lebhaft vor, wie dein Leben aussähe, wenn Folgendes zutreffen würde:

1. Es gibt kein Versagen, nur Feedback

Wann hast du versagt? Wenn du beschließt, mit dem Lernen aufzuhören. Bis dahin ist jede Reaktion, die du erhältst, eine wertvolle Information, die dir sagt, ob dein Handeln dich deinem Ziel näher bringt oder dich weiter von ihm fort führt. Das Ganze lässt sich mit einem Flugzeug vergleichen, das seinen Zielflughafen ansteuert. Es weicht 90 Prozent der Reisezeit von seiner vorgegebenen Flugroute ab und muss immer wieder auf Kurs gebracht werden.

Erfolgreiche Menschen glauben tatsächlich, dass der Erfolg sich dann einstellt, wenn die Fehlschläge aufhören. Meiner Erfahrung nach haben die Menschen, die »es geschafft haben«, eine Sache gemein – sie haben mehr Fehler gemacht als die Menschen, die es noch nicht geschafft haben. Jeder Fehlschlag ist in Wirklichkeit eine ausgezeichnete Gelegenheit, um etwas zu lernen.

Fehlschläge sind ein notwendiger Teil des Lernprozesses und nicht das Ende vom Lied. In Wirklichkeit sind es auch nicht die Menschen, die versagen, sondern nur bestimmte Pläne und Strategien. Was machst du, wenn dein Plan oder deine Strategie nicht das gewünschte Ergebnis erzielt? Ändere deinen Plan oder deine Strategie so lange, bis du Erfolg hast!

> »Du möchtest mein Erfolgsrezept wissen? Es ist wirklich ganz einfach. Verdopple die Rate deiner Fehlschläge.«
>
> THOMAS J. WATSON, Gründer von IBM

Die Angst zu versagen, kann uns sehr entmutigen, aber sie verliert ihre Macht über uns, wenn wir ihre emotionale Spannung verringern. Such dir in dieser Woche einen Lebensbereich aus, in dem du Schwierigkeiten hast, und erlaube dir, darin mindestens zehnmal zu »versagen«. Du musst dabei allerdings für dich definieren, was du unter Misserfolg verstehst. Wenn du zum Beispiel im Verkauf tätig bist, solltest du dir mindestens zehn Ablehnungen einhandeln. Bist du Autor, solltest du dir die Erlaubnis geben, mindestens zehn Seiten zu schreiben, die nicht gerade dein Genie widerspiegeln.

> *»Ich habe mehr aus meinen Fehlschlägen als aus meinen Erfolgen gelernt.«*
> RICHARD BRANSON

Erfolg ist oft umso süßer, wenn man sich ein wenig anstrengen musste, um ihn zu erzielen. Sobald du erkennst, dass ein Fehlschlag nicht das Ende bedeutet, sondern nur ein vorübergehend frustrierender Stolperstein ist, löst sich seine negative Spannung, und er wird ein unerlässlicher Begleiter auf deiner Reise in Richtung Glück, Erfolg und Wohlbefinden.

2. Du hast bereits alles, was du brauchst, um erfolgreich zu sein

Es gibt eine alte Sufi-Geschichte über einen Mann, der seine Schlüssel vor seinem Haus unter einer hellen Straßenlaterne suchte. Nachbarn halfen ihm vergeblich bei der Suche, bis einer von ihnen schließlich fragte: »Wo hast du deine Schlüssel denn verloren?« Der Mann antwortete daraufhin: »In meinem Haus.«

»Aber warum suchst du sie dann hier draußen?«, wollte der erstaunte Nachbar nun wissen, worauf der Mann antwortete: »Weil ich hier draußen mehr Licht habe.«

Es ist einfach eine Tatsache, dass niemand dich besser kennt als du selbst. Selbst wenn du die Antworten dein ganzes Leben lang außerhalb von dir gesucht hast, werden genau die Antworten, die du brauchst, nach und nach auftauchen, wenn du anfängst, sie in deinem Inneren zu suchen.

Ich bin davon überzeugt, dass du viel besser als ich weißt, was in deinem Fall notwendig ist, um dein Leben innerhalb von sieben Tagen zu verändern. Ich bin mir dabei einer Sache bewusst, die du vielleicht noch nicht erkannt hast:

Du bist der Experte in allem, was dich betrifft.

Bist du selbstsicher genug, dir deine Schuhe allein zuzubinden und allein einkaufen zu gehen? Wenn ja, dann hast du genug Selbstvertrauen in dir. Daher kannst du dir auch zutrauen, vor anderen Menschen zu sprechen und auf eine Person zuzugehen, zu der du dich hingezogen fühlst oder überhaupt all das in die Tat umzusetzen, was du möchtest. Du musst dich einfach darauf programmieren.

Hast du jemals Liebe für deinen Vater oder deine Mutter oder für dein Kind oder dein Haustier empfunden? Dann kannst du auch deinen Partner, deine Familie und sogar dich selbst mehr lieben.

Der einzige Unterschied zwischen dir und einer Person, die bereits ihr volles Potenzial lebt, besteht darin, dass du noch lernen musst, deine Fähigkeiten und Talente zur rechten Zeit zur Geltung zu bringen. Dieses Buch hilft dir, genau dies zu tun!

3. Du kannst alles erreichen, wenn du dich deinem Ziel Schritt für Schritt näherst

Vor ein paar Jahren hat ein Mann ein Flugzeug über einen Zeitraum von wenigen Monaten aufgegessen, indem er es in kleine Stücke zerlegte. Ich empfehle dir natürlich nicht, sein Kunststück zu wiederholen, aber Tatsache ist, dass du alles lernen und jede Aufgabe lösen kannst, wenn du das, was du vorhast, in genügend kleine Schritte unterteilst.

Wenn du dein Gehirn darauf trainierst, große Aufgaben in kleine Schritte zu zerlegen, wird es viel leichter möglich, sie auch anzugehen. Wir tun dies bereits auf natürliche Weise. Wenn du dir zum Beispiel eine Telefonnummer merken willst, zerlegst du sie in kleine Zahlengruppen. Wenn du etwas kaufen willst, das sehr teuer ist, wie beispielsweise ein Auto oder ein Haus, dann bezahlst du in kleinen, überschaubaren Raten.

Ich will auf Folgendes hinaus:

Wenn du die Mauer, die zwischen dir und deinem Traumleben steht, einreißen willst, trägst du sie am besten Ziegel für Ziegel ab.

4. Du bist nicht kaputt und musst erst repariert werden

Im 19. Jahrhundert setzte sich in der wachsenden Gemeinde der Psychiater die Vorstellung durch, dass die Menschen »kaputt« seien. Diese Vorstellung sollte über 100 Jahre die vorherrschende Sichtweise sein. Genies wie Richard Bandler und moderne Psychologen, an ihrer Spitze Martin Seligman und Mihaly Csikszentmihalyi, sehen die Dinge anders. Die Vertreter der Positiven Psychologie gehen davon aus, dass wir nicht geistig kranke, sondern geistig gesunde Menschen studieren müssen, wenn wir geistige Gesundheit fördern wollen.

Ich habe in all den Jahren, in denen ich mit Menschen aus allen Lebensbereichen gearbeitet habe, gelernt, dass alle das, was sie tun, aus einem guten Grund tun, auch wenn dieser nicht immer von der Umwelt anerkannt wird. Hinter jedem nicht funktionalen Verhalten steckt eine positive Absicht, oder es diente einmal einem bestimmten Zweck, der inzwischen überholt ist.

Wenn jemand beispielsweise Angst vorm Fliegen hat, so mag es dafür die verschiedensten Gründe geben, aber wenn wir der Phobie eine positive Absicht unterstellen, dann steckt hinter ihr das Bedürfnis, sich sicher zu fühlen. Wenn unser Unterbewusstsein neue Wege findet, damit wir uns sicher fühlen, ohne unnötigerweise mit einer Phobie zu reagieren, dann wird die Phobie selbst überflüssig.

Aus diesem Grund können wir heute lebenslang bestehende Phobien mit modernen psychologischen Methoden innerhalb kürzester Zeit heilen.

5. Wenn das, was du tust, nicht funktioniert, probiere etwas anderes

In seinem Buch *Wer hat mir meinen Käse geklaut?* weist der Erfolgsautor Spencer Johnson auf den Unterschied zwischen Menschen und Ratten hin. Wenn Ratten entdecken, dass etwas nicht funktioniert, versuchen sie etwas anderes; wenn Menschen erkennen, dass das, was sie tun, nicht funktioniert, suchen sie nach jemandem, dem sie die Schuld dafür geben können.

Oft höre ich Menschen, die frustriert und unzufrieden sind, sagen: »Aber ich habe es schon immer so gemacht« oder »Ich bin dafür halt nicht die richtige Person.« Die Wahrheit ist, dass wir uns mehr mit unserem Programm identifizieren als mit unserem Potenzial. Wenn du dein Leben verändern willst, musst du aus deiner Wohlfühlzone heraustreten und etwas anderes tun.

6. Es gibt keine Probleme, nur Möglichkeiten

Es gibt eine alte Geschichte über einen jungen Mann, dem es gelungen ist, in jedem Problem eine versteckte Gelegenheit zu sehen. Als sein Lehrer ihn eines Morgens dadurch bestrafen wollte, dass er ihm auftrug, einen Raum sauber zu machen, der voller Mist war, ging der Junge auch an diese Herausforderung mit Energie und guter Laune heran. Der Lehrer war erstaunt, dass der Junge inmitten einer solchen Provokation seine positive Einstellung bewahren konnte, und fragte ihn nach seinem Geheimnis. »Bei dem vielen Mist«, erklärte der Junge, »muss hier irgendwo ein Esel sein.«

Es ist faszinierend, erfolgreiche Menschen zu beobachten, wenn sie unter Druck stehen. Es sind gerade die Situationen, die anderen Menschen Angst machen oder sie überwältigen, in denen diese außergewöhnlichen Individuen sich hervortun. Ich erinnere mich noch an einen Geschäftsführer, der in meiner Anwesenheit plötzlich mit einer Krise konfrontiert wurde. Er unterbrach das, was er gerade tat, rieb sich die Hände, lächelte mich an und sagte: »Das ist eine echte Herausforderung!«

Obwohl ich mich nicht immer großartig fühle, wenn in

meinem Leben Probleme auftauchen, habe ich gelernt, sie als persönliche Wachstumsmöglichkeiten zu respektieren. Wenn ich mich vor eine besonders schwierige Situation gestellt sehe, erinnere ich mich gern an die Worte Lee Iacoccas: »Wir haben es andauernd mit großartigen Möglichkeiten zu tun, die sich perfekt als unlösbare Probleme verkleiden.«

7. Du erschaffst dir deine Zukunft jetzt

Wenn ich mit einem Klienten an seinen Zielen arbeite, frage ich oft: »Wenn Sie so weitermachen wie bisher, werden Sie Ihr Ziel dann erreichen?«

Erstaunlicherweise kennen alle die Antwort und antworten dementsprechend auch fast immer mit »Nein«.

Einer der wichtigsten Unterschiede zwischen erfolgreichen und nicht erfolgreichen Menschen besteht darin, dass die einen in die Vergangenheit und die anderen in die Gegenwart blicken, um sich ihre Zukunft zu erschaffen. Wenn du immer nur in die Vergangenheit schaust, hast du ständig das Gefühl, dass die Geschichte dazu verdammt ist, sich selbst zu wiederholen. Wenn du jedoch die Gegenwart im Blick hast, kannst du immer neue Entscheidungen treffen, die deine Möglichkeiten vergrößern.

Es kommt nicht darauf an, wie sehr du dich in der Vergangenheit abgerackert hast, du hast in jedem Moment die Möglichkeit, neue Entscheidungen zu treffen und neue Resultate zu erzielen.

Wie du neue Glaubenssätze herstellst

Ich möchte den heutigen Tag mit einer einfachen Übung für deine Vorstellungskraft abschließen. Sie wird dir helfen, dein Unterbewusstsein darauf zu trainieren, leichter aus einer neuen Perspektive heraus zu operieren.

Wähle einen der sieben Glaubenssätze, die du gerade gelesen hast, aus, von dem du glaubst, dass er zu einer wirklichen Veränderung in deinem Leben führen wird ...

1. Halte einen Moment lang inne, und stell dir vor, dass du dir selbst direkt in die Augen schaust. Dieses andere »Ich« lebt bereits aufgrund der Überzeugung, die du gern verinnerlichen würdest: Es ist selbstsicher und motiviert, liebenswürdig, glücklich und voller Energie.

2. Stell dir nun vor, was dieses andere Ich aufgrund dieser Überzeugungen alles erreicht. Ist dieses Ich motiviert? Selbstsicher? Stark? Erfolgreich?

3. Stell dir vor, dass dieses andere Ich diese Eigenschaften mühelos verkörpert. Wie verhält es sich? Was erzählt dieses andere Ich sich selbst? In welchem Tonfall spricht es? Wie stellt es sich dar? Wie bewegt es sich?

4. Wenn dir dein anderes Ich noch nicht gefällt, nimm Korrekturen vor, die sich für dich besser anfühlen. Erlaube deiner Intuition, dich zu führen.

Fortsetzung

> 5. Wenn du mit dem anderen Ich zufrieden bist, dann verschmilz mit ihm. Nimm die neue Perspektive und das neue Verhalten in dich auf.
>
> 6. Stell dir nun eine Situation vor, die du gern aus deiner neuen Perspektive betrachten möchtest. Denk darüber nach, was es bedeutet, diese neue Perspektive zu haben und was du mit ihrer Hilfe erreichen kannst. Wie werden sich die Dinge für dich verbessern?
>
> 7. Handle in den nächsten Wochen so, als ob dein neuer Glaubenssatz der Wahrheit entspräche. Auch wenn du das Gefühl hast, du »tust nur so als ob«, wird dieses Verhalten dein Gehirn dazu veranlassen, die neue Software dieser positiven Perspektive zu benutzen.

Wenn du die Kraft der positiven Perspektive auf dein Leben anwendest, wirst du jeden Tag großartige Erfahrungen machen!

Bis morgen,
Paul McKenna

PS: In nur 24 Stunden werden wir ins Herz unseres siebentägigen Abenteuers vordringen – nämlich in das Geheimnis, wie du deine Träume wahr werden lässt.

Vierter Tag
Was erträumst du dir vom Leben?

Finde heraus,
was du wirklich willst, und
verwirkliche deine Träume

Bevor du heute anfängst: Nimm dir ein paar Minuten Zeit, und wiederhole die Übung »Programmiere dein Selbstbild auf Erfolg« vom ersten Tag (Seite 39f.). Nutze außerdem die Kraft der Perspektive, indem du dir die bestärkenden Fragen vom dritten Tag anschaust:

1. *Wer oder was in deinem Leben macht dich am glücklichsten?* Allein durch die Beantwortung dieser Frage wirst du dich automatisch glücklicher fühlen. Verstärke nun dieses Gefühl – mach die Bilder größer, heller und farbiger, die Klänge lauter und die Empfindungen eindeutiger. Achte darauf, wo diese Empfindungen am stärksten sind, und gib ihnen eine Farbe. Fülle deinen Körper von Kopf bis Fuß mit dieser Farbe und diesem Gefühl ...

2. *Wer oder was gibt dir in deinem Leben am meisten das Gefühl, geliebt zu werden?* Verstärke erneut dieses Gefühl – mach die Bilder größer, heller und farbiger, die Klänge lauter und die Empfindungen eindeutiger. Achte darauf, wo diese Empfindungen am stärksten sind, und gib ihnen eine Farbe. Fülle deinen Körper von Kopf bis Fuß mit dieser Farbe und diesem Gefühl ...

3. *Wer oder was in deinem Leben erfüllt dich am meisten?* Verstärke das Gefühl der Fülle – mach die Bilder größer, heller und farbiger, die Klänge lauter und die Empfindungen eindeutiger. Achte darauf, wo diese Empfindungen am stärksten sind, und gib ihnen eine Farbe. Fülle deinen Körper von Kopf bis Fuß mit dieser Farbe und diesem Gefühl ...

Vierter Tag Was erträumst du dir vom Leben?

4. *Wer oder was in deinem Leben begeistert dich am meisten?* Verstärke die Gefühle erneut, indem du die Bilder größer, heller und farbiger machst, die Klänge lauter und die Empfindungen intensiver. Achte darauf, wo diese Empfindungen am stärksten sind, und gib ihnen eine Farbe. Fülle deinen Körper von Kopf bis Fuß mit dieser Farbe und diesem Gefühl ...

5. *Wer oder was in deinem Leben bestärkt dich am meisten?* Du kannst auch diese Gefühle verstärken, indem du die Bilder größer, heller und farbiger machst, die Klänge lauter und die Empfindungen intensiver. Achte darauf, wo diese Empfindungen am stärksten sind, und gib ihnen eine Farbe. Fülle deinen Körper von Kopf bis Fuß mit dieser Farbe und diesem Gefühl ...

6. Während du dich so wohl fühlst, solltest du an den Rest des Tages denken, der noch vor dir liegt, und dir vorstellen und fühlen, wie alles perfekt läuft – genau so, wie du es haben möchtest. Nimm wahr, was du siehst und hörst, und spüre, wie gut es sich anfühlt.

Wenn du dieses Ritual jeden Tag wiederholst und in dir diesen Superzustand herstellst, werden seine Auswirkungen beständig zunehmen. Schon bald wird sich dein Leben völlig verändern. Anstatt auf die Welt einzuwirken, damit sie dich glücklich macht, fängst du einfach jeden Tag an, dich so zu fühlen, wie du dich fühlen möchtest.

Gut gemacht! Du hast dich erneut auf einen großartigen Tag programmiert!

Ein Mann lief allein am Strand entlang und dachte über sein Leben nach. Er hatte schon immer etwas wirklich Sinnvolles tun wollen, aber was er auch versuchte, letztlich blieb immer das Gefühl, nur in den Wind gespuckt zu haben.

Plötzlich hörte der Mann ein lautes Knacken und schaute hinab auf seine Füße. Genau dort, wo er stand und so weit das Auge in beide Richtungen reichte, wurden Abertausende zierlicher Seesterne mit den Wellen des Ozeans an den Strand gespült.

Der Mann ging weiter und dachte an die augenscheinliche Grausamkeit des Meeres. Schließlich hatten die Seesterne doch nichts Falsches getan! Dennoch würden sie tot sein, bevor der Tag zur Neige ging – an den Strand gespült, um dort zu sterben.

Nach einer Weile traf der Mann auf eine Frau, die am Wellenrand stand und die gestrandeten Seesterne wieder ins Meer zurückwarf. Als er sie fragte, was sie da täte, antwortete sie, dass sie schon immer etwas Sinnvolles habe tun wollen, und heute sei ein guter Tag, endlich damit anzufangen.

Der Mann blickte von ihr zu den endlosen Massen von Seesternen, die sterbend am Strand lagen, und sagte: »Auf jeden Seestern, den Sie ins Wasser werfen, werden drei neue an Land gespült. Wie kann es also sein, dass Sie etwas Sinnvolles tun?«

Die Frau hielt für einen Moment inne, dann nahm sie erneut einen Seestern und warf ihn zurück ins Meer. »Für diesen einen macht es Sinn«, sagte sie und lächelte den Mann mit dem wunderbarsten Lächeln an, das er jemals gesehen hatte.

Vierter Tag Was erträumst du dir vom Leben?

Das Ziel, sich Ziele zu setzen

Ich bin mir sicher, dass du schon davon gehört hast, wie wichtig es ist, sich Ziele zu setzen. Auf den ersten Blick mag dir das, was ich dir heute mitzuteilen habe, also bekannt und vertraut vorkommen. Du hast dir vielleicht in der Vergangenheit schon einmal Ziele gesetzt und warst ganz eifrig, sie auch in die Tat umzusetzen, aber dann ließ deine Motivation immer mehr nach, und deine anfängliche Begeisterung verebbte schließlich wieder. Oder du hast das erreicht, was du erreichen wolltest, hast dann aber festgestellt, dass du eigentlich etwas anderes willst und fragst dich nun, ob das schon alles gewesen ist.

> *»Der Sinn des Lebens besteht darin, dass das Leben einen Sinn hat.«*
> ROBERT BYRNE

Aber lass dich nicht in die Irre führen, und widersteh der Versuchung, diese Seiten einfach zu überspringen. Die Lektion des heutigen Tages wird anders sein. Der entscheidende Unterschied liegt darin, dass wir die Ziele diesmal als das betrachten, was sie wirklich sind – nämlich unsere Diener für ein besseres Leben.

Heute lernen wir auf neue Art darüber nachzudenken, was wir im Leben wollen. Eigentlich sind Ziele ein eher nebensächlicher Bestandteil des dreistufigen Prozesses, den ich dir vorstellen möchte. Mit Hilfe der wirkungsvollen Übungen der heutigen Lektion kannst du lernen, dein Leben selbst zu bestimmen und in die von dir gewünschte Richtung zu lenken.

Wenn wir den heutigen Tag abgeschlossen haben, wirst du nicht nur eine klare Vorstellung davon haben, was du willst –

du wirst auch damit angefangen haben, deine Ziele und Träume direkt in dein Unterbewusstsein zu programmieren. Du kannst sie dadurch leichter verwirklichen als jemals zuvor!

Drei Schritte zu einem erfüllten Leben

Du brauchst eigentlich nur drei Dinge, um ein erfülltes Leben zu führen:

1. Eine klare Richtung (dein Traum)
2. Einen genauen Kompass (deine Werte)
3. Meilensteine auf deinem Weg zu deiner letztlichen Bestimmung (deine Ziele)

Für unsere Zwecke lässt sich das Ganze auch so darstellen:

Wenn du deine Ziele zur Verwirklichung deiner Träume auf der Grundlage deiner Wertvorstellungen verfolgst, werden Wunder geschehen!

Tagträumer

Wir haben alle Träume, eine große Sehnsucht nach einem anderen, besseren Leben. Nimm dir nun für einen Moment Zeit, und lass deiner Phantasie freien Lauf, um buchstäblich »tagzuträumen«.

Beantworte die folgende Frage:

Was würdest du tun, wenn du wüsstest, du könntest nicht versagen?

Wenn du innegehalten und der Frage einen Moment lang nachgespürt hast, dann hast du das getan, was im Laufe der Geschichte alle wirklich erfolgreichen Menschen getan haben – du hast willentlich den Zustand des Tagträumens dafür benutzt, um in den kreativen Bereich des Bewusstseins einzutreten.

Das große Genie Nikolas Tesla, der Erfinder des Wechselstroms und Inhaber von hundertelf weiteren US-Patenten, konnte eine Maschine vollständig in seinem Geist konstruieren und geistig schon jahrelang »laufen lassen«, bevor er ihr Gegenstück in der physischen Welt schuf. Einstein stellte sich vor, dass er auf einem Lichtstrahl durchs Weltall reiste, um seine Relativitätstheorie zu entwickeln, und Mozart hörte ganze Symphonien in seinem Kopf. Michelangelo, Goethe und Walt Disney nutzten täglich das kreative Tagträumen als Quelle für Ideen und Inspirationen.

All diese geistigen Erneuerer benutzten eine Form des Visualisierens, der Selbsthypnose oder der – um einen Begriff aus der Geschäftswelt zu gebrauchen – »strategischen Planung«,

> *»Alle Menschen träumen, jedoch nicht auf die gleiche Weise. Diejenigen, die bei Nacht träumen, in den verstaubten Nischen ihres Geistes, wachen auf und müssen feststellen, dass alles reine Eitelkeit war. Aber die Tagträumer sind gefährlich, denn sie verfolgen ihre Träume mit offenen Augen und setzen Dinge in die Tat um.«*
> T. E. LAWRENCE

auf die ich zum Schluss dieses Kapitels noch näher eingehen werde. Ein jeder von uns sollte diese kreative Aktivität in sich wecken. Je mehr Zeit du mit kreativem Tagträumen verbringst, desto erfolgreicher wirst du werden.

Warum ist das kreative Tagträumen so wichtig?

Weil alles, was in der realen Welt stattfinden soll, zuerst in der imaginären Welt geschehen muss.

Leg das Buch kurz beiseite, und schau dich um – fast alles, was dich umgibt, war zuerst nichts weiter als ein Gedanke in irgendeinem Kopf. Um dich selbst, dein Leben oder die Welt verbessern zu können, musst du dir zuerst einmal erlauben, von etwas Besserem zu träumen.

Erkenne deinen »großen Traum«

Der berühmte Psychologe Viktor Frankl wurde im Zweiten Weltkrieg von den Nazis in einem Konzentrationslager inhaftiert. Anstatt sich in dieser extremen Situation als Opfer zu sehen, machte er eine persönliche Studie mit seinen Mitgefangenen. Er fragte sich, worin die psychologischen Ursachen dafür lagen, dass nur einer von achtundzwanzig Inhaftierten die extremen Entbehrungen überlebte.

Frankl stellte fest, dass die, die überlebten, nicht notwendigerweise die Kräftigsten, Gesündesten oder Intelligentesten waren. Vielmehr hatten die Überlebenden ein Ziel, für das sie lebten – einen Traum, der so groß und wichtig war, dass sie bereit waren, jedes Hindernis zu überwinden. Ihre Träume erhielten sie also regelrecht am Leben.

Wenn der Geist ein Ziel hat, kann er sich darauf ausrichten, bis er es erreicht hat. Wenn du kein Ziel hast, verstreust du deine Energie. Dennoch ist das, was du auf dem Weg zum Erfolg erreichst, nicht immer das Entscheidende. Viel wichtiger ist oft, wie du dich selbst in diesem Prozess veränderst. Hier ist das große Geheimnis unserer Träume:

> *»Wie das Glück, so kann auch der Erfolg nicht gezielt angestrebt werden. Beides muss sich ergeben ... als unbeabsichtigter Nebeneffekt der persönlichen Hingabe an etwas, das größer ist als man selbst.«*
> VIKTOR FRANKL

Wenn du an einem wirklich lohnenden Traum arbeitest, arbeitet der Traum auch an dir.

In den 1960er Jahren sprach der amerikanische Präsident John F. Kennedy davon, einen Mann auf den Mond zu schicken. Er sagte zu den Amerikanern:

»Wir haben uns nicht deshalb dafür entschieden, noch in diesem Jahrzehnt auf dem Mond zu landen, weil es leicht wäre, sondern weil es eine große Herausforderung darstellt. Diese Vision wird uns helfen, unsere besten Fähigkeiten und Talente unter Beweis zu stellen und auf ein gemeinsames Ziel hin auszurichten. Wir sind bereit, die Herausforderung anzunehmen und nicht auf die lange Bank zu schieben. Wir haben die feste Absicht, unser Ziel zu erreichen.«

Ein neues Leben in 7 Tagen

Wenn Wissenschaftler gefragt werden, welche positiven Resultate das Weltraumrennen den Amerikanern gebracht habe, stimmen die meisten darin überein, dass es weder die Fortschritte in der Technik oder im Raketendesign noch die Erkundungen der geologischen Formation des Mondes gewesen sind. Es war vielmehr die Entdeckung eines Heilmittels gegen Pocken. Sie war ein Resultat der Forschungen, wie man die Astronauten am besten gegen Krankheitskeime aus dem Weltall schützen konnte.

Genauso, wie du nicht aufs College gehst, um ein Stück Papier zu erhalten, geht es beim Zielesetzen nicht nur darum, das zu erreichen, was du willst – es geht darum, mehr zu werden, als du überhaupt für möglich hältst.

Ich bin davon überzeugt, dass Ziele unerlässlich sind, da sie deinem Leben eine Richtung geben. Du setzt dich nicht in ein Boot, das keine Ruder hat, denn du weißt nicht, wo es dich hintragen würde. Wir alle kennen Menschen, die alles dem Zufall überlassen und von den willkürlichen Ereignissen des Lebens hin und her geworfen werden.

Ich glaube außerdem, dass es darauf ankommt, seine eigenen Wertmaßstäbe zu kennen, weil Glück dadurch entsteht, dass du jeden einzelnen Tag nach deinen Werten lebst, und zwar unabhängig davon, wie nah oder fern deine Ziele zu sein scheinen.

Viktor Frankl hat herausgefunden, dass Menschen fast alles überleben können, wenn sie ein Ziel im Leben haben. Allen wahrhaft erfolgreichen Persönlichkeiten in der Geschichte ist dieses Merkmal gemein. Sie hatten einen bestimmten Traum oder Lebenssinn. Und der Schlüssel zu Erfolg *und* Erfüllung liegt darin, dass deine Ziele und Werte auf deinem Traum basieren und ihn zum Ausdruck bringen.

Was ist, wenn ich nicht weiß, was ich mir erträumen soll?

Studien haben ergeben, dass nur drei Prozent von uns ihre Ziele niederschreiben. Wir kümmern uns nicht darum, unser Schicksal aktiv in die Hand zu nehmen, sondern ziehen es vor, einfach so durchs Leben zu stolpern und alles dem Zufall zu überlassen.

> *»Ein Ziel ist nichts weiter als ein Traum mit einer Frist.«*
> JOE L. GRIFFITH

Und dann wundern wir uns, dass wir uns schlecht fühlen. Die meisten Menschen machen zwar eine Liste für ihren Einkauf im Supermarkt, schreiben aber nicht auf, was sie wirklich im Leben wollen. Der legendäre amerikanische Basketballtrainer John Wooden hat es einmal so formuliert: »Wenn du versagst zu planen, planst du das Versagen.«

Im Grunde genommen ist alles ganz einfach:

1. Denk an etwas, das du dir wünschst, und stell dir vor, wie es wäre, wenn du es bereits hättest.
2. Überprüfe, ob du es auch wirklich haben willst.
3. Überlege dir, wie dein Wunsch Wirklichkeit werden kann. Danach brauchst du nur noch dein Bewusstsein konstant auf deinen Traum auszurichten.

In den späten 1980er Jahren setzte ich mich hin und fragte mich: »Wenn ich so weitermache wie bisher, wo werde ich dann enden? Wo werde ich in fünf Jahren sein?«

Es war schockierend für mich zu erkennen, dass in fünf Jahren kein spirituell, emotional und finanziell erfüllteres Leben auf mich wartete, wenn ich einfach so mit meinen täglichen Gewohnheiten weitermachte. Ich wäre einfach nur fünf Jahre älter, ein bisschen paranoider und lebte immer noch von der Hand in den Mund.

Stattdessen ging ich durch den Prozess, mit dem ich dich heute vertraut machen will. Ich visualisierte Affirmationen wie die, die du am Ende dieses Kapitels findest.

Die Resultate waren erstaunlich und einer der Gründe, warum du jetzt überhaupt dieses Buch lesen kannst. Ich fing sofort an, mich besser zu fühlen und hatte plötzlich mehr Energie. Eine Gelegenheit gab die andere, meine Finanzen verbesserten sich auf signifikante Weise, und ich wurde einem breiten Publikum bekannt. Ich begann die Menschen anzuziehen, die ich schon immer um mich haben wollte, und die Dinge zu tun, von denen ich immer geträumt hatte. Auf diese Weise erfüllten sich meine Träume, und ich führte schließlich ein wundervolles Leben.

> »Wahres Talent zeigt sich in den Entscheidungen, die man trifft.«
> ROBERT DE NIRO

Im Folgenden möchte ich dir das siebenstufige System vorstellen, das ich benutze. Es hat mir und Tausenden von Menschen in meinen Seminaren und Workshops dabei geholfen, das Leben unserer Träume zu führen …

Vierter Tag Was erträumst du dir vom Leben?

Wie findest du heraus, was du dir erträumst?

Das siebenstufige System, das dir hilft, deinen Träumen auf die Spur zu kommen, unterscheidet sich grundlegend von herkömmlichen Methoden der Zielsetzung, denn es basiert letztlich auf dem Wunsch eines jeden Menschen, ein sinnvolles und erfülltes Leben zu führen.

Um dieses sinnvolle Leben führen zu können, musst du dich mit deinen grundlegenden Werten identifizieren – mit jenen Inhalten also, die das Leben für dich lebenswert machen. Diese Werte dienen dir als Kompass für deine Reise. Sobald du eine klare Vorstellung von deinen Werten hast, werden wir herausfinden, wie dein »großer Traum« aussieht, der dir einen klaren Sinn und eine klare Richtung geben kann.

> *»Dinge, die viel bedeuten, sollten niemals abhängig sein von Dingen, die weniger bedeutsam sind.«*
>
> JOHANN WOLFGANG VON GOETHE

Wenn dein Kompass schließlich eingestellt und deine Richtung klar ist, werden wir uns mehr mit den konkreten Schritten und Zielen befassen. Sie sind die Meilensteine auf dem Weg zur Verwirklichung deiner Träume und das Fundament eines erfüllten Lebens.

Dieser Abschnitt ist vielleicht der wichtigste des ganzen Buches, also nimm dir bitte genug Zeit. Such dir einen Stift und ein Blatt Papier, und beantworte die Fragen so detailliert wie möglich. Hab keine Angst, etwas falsch zu machen, das Leben belohnt jeden ernsthaften Versuch, es zu verbessern!

Erster Schritt – Worauf es wirklich ankommt

Was würdest du tun, wenn die Welt in einer Woche unterginge?

Die Antwort auf diese Frage ist der Schlüssel zur Identifizierung deiner Werte, also der Dinge, die dir am wichtigsten sind. Ich habe mit Menschen gearbeitet, die am Ende ihres Lebens angelangt waren. Einige von ihnen habe ich gefragt, was sie rückblickend gern anders gemacht hätten. Keiner von ihnen sagte: »Ich wünschte, ich hätte noch einen weiteren Mercedes gehabt.«

Stattdessen sagten sie zum Beispiel: »Ich wünschte, ich hätte mehr gelacht und mehr geliebt« oder »Ich wünschte, ich hätte mir nicht immer so viele Sorgen gemacht.«

Neulich war ich regelrecht schockiert, als ich hörte, wie ein Motivationstrainer seinem Publikum empfahl, 24 Stunden am Tag dem Erreichen finanzieller Ziele zu widmen. »Wenn Ihre Familie dafür kein Verständnis hat«, fuhr er fort, »dann suchen Sie sich eine neue.« Als seine vierte Frau im hinteren Teil des Raumes lächelnd nickte, dachte ich: Was ist das Gute an einer erfolgreichen Laufbahn, wenn dabei deine Ehe in die Brüche geht und du kaum noch deine Kinder siehst?

Ständig umgeben uns Möglichkeiten, ein Leben in Fülle zu führen, aber nur den Statussymbolen hinterherzujagen, macht uns nicht glücklicher. Wenn du lernst, dich auf deine Werte und den Sinn deines Lebens zu konzentrieren, anstatt nur auf deine Ziele zu schauen, fängst du automatisch an, dein Leben in einem größeren Zusammenhang zu sehen.

Vierter Tag Was erträumst du dir vom Leben?

In seinem Buch *The Power of Full Engagement* stellt der Unternehmensberater Dr. James Loehr die folgenden Fragen, die dir dabei helfen können, mit deinen grundlegenden Werten in Kontakt zu kommen:

1. Spring vor zum Ende deines Lebens. Welches sind die wichtigsten Lektionen, die du gelernt hast, und warum sind sie so entscheidend?

2. Denk an eine Person, die du zutiefst respektierst, und beschreibe drei ihrer Eigenschaften, die du am meisten bewunderst.

3. Wer bist du, wenn du dein volles Potenzial entfaltest?

4. Welchen Satz würdest du gern als Inschrift auf deinem Grabstein sehen, der wirklich wiedergibt, wer du im Leben warst?

Erstelle nun eine Liste der wichtigsten Dinge, die sich aus der Beantwortung dieser Fragen ergeben. Geh dabei über materielle Dinge auf deiner Liste hinaus, und schau dir auch die Seinszustände an, die ihnen zugrunde liegen.

Ich erinnere mich beispielsweise daran, wie ein Mann in einem meiner Seminare diese Übung machte und erkannte, dass die wichtigste Sache für ihn Geld war. Als ich ihn fragte, was es ihm bringen würde, wenn er viel Geld hätte, schloss er für einen Moment die Augen, um sich vorzustellen, was er alles besitzen würde. Als er die Augen wieder öffnete, sagte er: »Geld zu haben, gibt mir ein Gefühl der Sicherheit, und außerdem respektieren die Menschen mich dann.« Was ihm wirklich etwas bedeutete, waren *Sicherheit* und *Respekt* – das Geld diente ihm nur als Mittel, diese Zustände für sich zu erreichen.

> »Du willst, was du willst –
> egal, ob du es auch bekommen kannst oder nicht.«
> ROBERT FRITZ

Schau in deine Liste, und bestimme die fünf wichtigsten Werte, auf die du unter keinen Umständen verzichten kannst. Diese fünf Werte sind der Kern dessen, was deinem Leben Bedeutung gibt. Es sind die wichtigsten Dinge in deinem Leben.

Wenn du nichts anderes tust, als jeden Tag diese Werte zu leben, wird dein Leben erfüllender, als du es dir überhaupt vorstellen kannst.

Zweiter Schritt – Lass deinen Gedanken freien Lauf!

Wenn es um deinen Erfolg geht, musst du unvernünftig werden. Du solltest Träume haben, die jenseits dessen sind, was du und andere überhaupt für möglich halten. Wie George Bernard Shaw schon sagte: »Der vernünftige Mensch passt sich der Welt an. Der unvernünftige Mensch besteht darauf, dass sich die Welt nach ihm zu richten hat. Deshalb hängt jeder Fortschritt von dem unvernünftigen Menschen ab.«

Sobald dir deine grundlegenden Werte klar sind, solltest du aufschreiben, was du alles (ja, alles!) jetzt willst, in der Vergangenheit gewollt hast und dir vorstellen kannst, in Zukunft zu wollen. Leere deinen Kopf, und fülle das Papier! Du musst dabei weder glauben, dass du diese Dinge auch wirklich bekommst, noch musst du davon überzeugt sein, dass alle Punkte auf deiner Liste überhaupt zu verwirklichen sind. Es spielt keine Rolle, wie verrückt oder unmöglich sie zu sein scheinen – du sollst deine Wünsche einfach nur aufschreiben!

Nimm dir mindestens 5 Minuten Zeit, um diese Liste zu erstellen, bevor du mit dem dritten Schritt weitermachst ...

> *Paul Arden erwähnt in seinem Buch »It's Not How Good You Are, It's How Good You Want To Be«, dass Victoria Beckhams Traum nicht darin bestand, besser als ihre Freundinnen oder sogar eine berühmte Sängerin, sondern ein weltberühmtes Markenzeichen zu werden. Mit eigenen Worten beschreibt sie ihren Traum so: »Ich möchte so berühmt sein wie Persil!«*

Dritter Schritt – Dein großer Traum

Nur du selbst weißt, was du wirklich vom Leben willst und was dein Herz höher schlagen lässt. Wenn du die Fragen unten beantwortest, solltest du nicht grübeln, ob etwas möglich ist oder nicht. Lass die Antworten einfach nur aus dir herausfließen …

- Was tust du so gern, dass du sogar dafür bezahlen würdest, es tun zu dürfen?
- Wofür kannst du dich total begeistern?
- Was würdest du tun, wenn dir unbegrenzte finanzielle Möglichkeiten zur Verfügung stünden?
- Welche historischen Persönlichkeiten bewunderst du am meisten und warum?

Die Beantwortung dieser Fragen kann dir einen Überblick darüber verschaffen, welchen Zweck dein Leben haben könnte. Deine Antworten befreien dich von den Begrenzungen deines gegenwärtigen Denkens und geben dir die Möglichkeit, deiner Phantasie freien Lauf zu lassen.

Wenn du das Gefühl hast, noch zusätzliche Klarheit zu benötigen, solltest du dir auch noch diese Fragen stellen:

- Was wolltest du als Kind immer tun?
- Was wolltest du sein, wenn du groß bist?
- Was würdest du tun, wenn der Erfolg garantiert wäre?

Schreibe spontan auf, was dir in den Sinn kommt. Du verpflichtest dich an dieser Stelle zu nichts und kannst deine

Vierter Tag Was erträumst du dir vom Leben?

Gedanken später noch ordnen. Am Anfang brauchst du nicht zu genau zu sein und musst dir auch nicht vorstellen können, wie das alles Wirklichkeit werden soll – lass dem kreativen Prozess einfach freien Lauf.

Betrachte nun alle wichtigen Bereiche in deinem Leben – Familie, Beziehungen, Beruf, Gesundheit, Gemeinschaft und spirituelle Entwicklung.

> *»Frag dich nicht, was die Welt braucht – mach dir klar, was du gern tun würdest, und tue es einfach. Die Welt braucht Menschen, die aufwachen und lebendig werden.«*
> HOWARD MARTIN

♦ Was würdest du am liebsten geschehen sehen?

♦ Was würdest du am liebsten lernen?

♦ Welche Fähigkeiten würdest du gern beherrschen?

♦ Wie viel Geld möchtest du verdienen?

♦ Welche Charakterzüge hättest du gern?

♦ Was möchtest du der Welt zurückgeben?

Ich werde dich jetzt gleich bitten, deinen »großen Traum« zu formulieren. Wenn du es tust, solltest du sicherstellen, dass dein Traum auf dem basiert, was du willst, und nicht auf dem, was du nicht willst.

Durch meine Arbeit habe ich erkannt, dass all die unglücklichen Menschen, die mit ihrem Leben nicht zufrieden sind, eine Sache gemeinsam haben: sie wissen, was sie *nicht* wollen und sind zwanghaft darauf fixiert. Ihnen ist noch nicht klar, dass sie immer mehr davon bekommen, worauf sie ihre Aufmerksamkeit richten.

Manche Menschen denken beispielsweise die ganze Zeit daran, dass sie zu dick sind. Das Problem liegt nun darin, dass du, auch wenn du etwas »nicht« sein willst, zuerst daran denken musst, es zu sein. Wenn du dich also ständig innerlich fragst »Warum bin ich nur so dick?« und »Wie kann ich es bloß schaffen, nicht mehr so *dick* zu sein?«, dann bestärkst du dich innerlich ständig darin, dass du jemand bist, der zu dick ist.

Wenn du stattdessen jedoch fragst, »Wie schaffe ich es, gesund und fit zu werden?«, dann richtest du deine Aufmerksamkeit auf das Ziel, das du erreichen willst.

Indem du dich auf das ausrichtest, was du willst und nicht auf das, was du nicht willst, erfährst du auf sinnliche Weise, was du siehst, hörst, fühlst, schmeckst und riechst, wenn du das bekommst, was du möchtest. Wenn du dich regelmäßig darauf konzentrierst, was du dir wünschst, ermöglichst du es deinem Bewusstsein, immer mehr davon anzuziehen.

Nimm dir nun 5 Minuten Zeit, um etwas zu tun, das mit dieser Übung hier überhaupt nichts zu tun hat, und schreib danach eine »erste Rohfassung« deines großen Traums. Du kannst dich dabei an der folgenden Vorlage orientieren.

Mein großer Traum

Am wichtigsten sind mir folgende Dinge:

1.

2.

3.

4.

5.

Wenn ich all dies sein, tun und haben könnte, würde ich ...

Vierter Schritt – Was bedeutet für dich Erfolg?

> »Ich laufe niemals 1000 Meilen in einem Stück, dazu wäre ich gar nicht in der Lage. Ich laufe eine Meile tausendmal.«
>
> STU MITTLEMAN
> Weltrekordinhaber über Ultramarathon

In der 1930er Jahren wurde eine berühmte Untersuchung über Effektivität am Arbeitsplatz gemacht. Sozialwissenschaftler gingen in die Fabriken und untersuchten unter anderem, welchen Einfluss mehr Licht auf die Produktivität von Fließbandarbeitern hatte. Wie es damals üblich war, untersuchte man drei verschiedene Gruppen.

In der ersten Gruppe wurde die Beleuchtung am Fließband erhöht; in der zweiten Gruppe wurde das Licht verringert, und die dritte »Kontrollgruppe« wurde einfach unter ihren gegenwärtigen Arbeitsbedingungen beobachtet. Das Ergebnis verblüffte die Forscher total.

Wie erwartet, gab es einen eindeutigen Zuwachs an Effektivität und Wohlbefinden in der ersten Gruppe. Überraschend war allerdings, dass auch in den anderen beiden Gruppen eine fast identische Steigerung der Leistung und des Wohlbefindens festzustellen war.

Nach weiteren Untersuchungen kam das Forscherteam zu dem Schluss, dass Leistung und Wohlbefinden deshalb gestiegen waren, weil die Arbeiter das Gefühl hatten, ihren Bemühungen wurde die gebührende Aufmerksamkeit geschenkt.

Mein Freund, der Lebensberater Michael Neill, drückt es folgendermaßen aus:

»Eines der einfachsten Mittel, um über einen längeren Zeitraum hinweg motiviert zu bleiben, besteht darin, dass du genau beobachtest, wie du dich Schritt für Schritt deinen Zielen näherst. Anstatt zu warten, bis du dein Ziel entweder erreicht oder verfehlt hast, solltest du ständig jedes Anzeichen von Fortschritt in Richtung Ziel wahrnehmen. Lass dich von jedem Zeichen beflügeln. Jeder Hinweis, dass du dich in die richtige Richtung bewegst, sollte dich freuen und motivieren. Gib ihm genügend Platz in deinem Bewusstsein, und sonne dich in seinem Schein! Durch dieses ständige Gespür für Fortschritt bewegst du dich immer weiter auf deine Träume zu, und zwar Tag für Tag, Woche für Woche.«

Frage dich:

♦ Was wirst du sehen, wenn du deinen Traum verwirklichst?
♦ Was wirst du hören?
♦ Was wirst du fühlen, riechen und schmecken?

Die Beantwortung dieser Fragen gibt dir ein Gefühl dafür, ob du der Verwirklichung deiner Träume näher kommst oder nicht. Nichts motiviert dich mehr als die Erkenntnis, dass du bereits angefangen hast, das Leben deiner Träume zu leben.

Fünfter Schritt – Wie du alle Hindernisse überwindest

Manchmal sind wir so begeistert von einer bestimmten Vision, dass wir wichtige Aspekte übersehen, die uns letztlich daran hindern können, unser Ziel auch tatsächlich zu erreichen. Wenn du dir ausmalst, wie in Zukunft alles sein wird, solltest du dir die folgenden Fragen stellen, um sicherzugehen, dass die Verwirklichung deiner Vision gut für dich ist und niemand anderem schadet:

- Wenn ich an diese Vision denke, habe ich dann eine klare oder eher verschwommene Vorstellung?
- Bin ich in meinen Gefühlen frei oder eher zurückhaltend?
- Bewege ich mich auf die Vision zu, oder entferne ich mich von ihr?
- Ist es *meine* Vision oder die Vision, die eine andere Person für mich und meine Zukunft hat?
- Welche Vorteile hätte ich, wenn ich diese Vision nicht leben würde?

Wenn die Antworten auf diese Fragen in dir Zweifel entstehen lassen, kannst du dich selbst beglückwünschen! Du hast dir Monate oder vielleicht sogar Jahre der Ungewissheit erspart, indem du mögliche Probleme schon erkennst, bevor sie in Erscheinung treten.

Füge nun noch deine Erfolgskriterien hinzu sowie das, was du gelernt hast, um deinen großen Traum möglichst genau zu fassen – bis dein Herz vor Freude hüpft, wenn du nur an ihn denkst!

Vierter Tag Was erträumst du dir vom Leben?

Mein großer Traum

Am wichtigsten sind mir folgende Dinge:

1.

2.

3.

4.

5.

Wenn ich all dies sein, tun und haben könnte, würde ich ...

Ich befinde mich auf Erfolgskurs, wenn ...

Sechster Schritt – Wie du deinen Zielen einen bestimmten Zeitrahmen gibst!

Wenn du weißt, was alles nacheinander geschehen muss, damit deine Vision Wirklichkeit werden kann, geschieht etwas Erstaunliches – du siehst, wann du dich in diese Richtung bewegst und wann nicht.

Was glaubst du, wie lange es braucht, bis du deinen Traum verwirklicht hast? Ein Jahr? Sechs Jahre? Dein ganzes Leben?

Entscheide dich für einen Zeitpunkt, und stell dir die wichtigsten Schritte vor, die du tun musst, um in dieser Zeit ans Ziel zu kommen. Es handelt sich dabei um die Meilensteine auf dem Weg zum Leben deiner Träume.

Erstelle eine Liste von mindestens sieben Zielen mit dem dazugehörigen Zeitrahmen, mit deren Hilfe du überprüfen kannst, ob du dich auf dem Weg zur Erfüllung deiner Wünsche befindest. Stell dir am besten jedes Ziel lebendig in deiner Phantasie vor. Nimm wahr, was du siehst und hörst, und fühle, wie gut es dir geht, wenn du jeden Einzelschritt getan hast. Am wichtigsten aber ist, dass du von jedem Ziel ein großes strahlendes Bild erzeugst, so als ob es schon erreicht wäre.

Vierter Tag Was erträumst du dir vom Leben?

Grundlegende Ziele	**Zeitrahmen**
1.	
2.	
3.	
4.	
5.	
6.	
7.	

Siebter Schritt – Nutze deine Ressourcen!

Nun ist es Zeit, uns damit zu befassen, was alles notwendig ist, damit du deine Vision leben kannst. Ich muss immer wieder feststellen, dass die Menschen sich auf ein bis zwei Quellen verlassen, die sie aus ihrem Schlamassel herausbringen und ihnen dabei helfen sollen, ihre Vision zu verwirklichen. Ob es ihr persönlicher Charme, ihr naives Vertrauen oder ihre Freunde sind – sie haben sich so daran gewöhnt, nur diese Ressourcen zu nutzen, dass sie außer Acht lassen, welche anderen Möglichkeiten sich ihnen sonst noch bieten.

Wenn sie nicht mehr weiterwissen, dann liegt das nicht daran, dass sie keine Optionen mehr haben, sondern dass ihnen ihr gewohnheitsmäßiges Auftreten als »Ritter in glänzender Rüstung« in dieser besonderen Situation nicht mehr weiterhilft.

Um aus deinem eingefahrenen Verhalten auszubrechen und dir einen Überblick über deine wahren Ressourcen zu verschaffen, solltest du dir nun Zeit nehmen und all die Quellen und Mittel auflisten, die dir als Unterstützung zur Verfügung stehen.

Hier sind einige Vorschläge, an denen du dich orientieren kannst:

1. *Deine Fähigkeiten und Talente*
Beispiele:
liebenswürdig, freundlich, guter Tänzer, gut im Verhandeln, lustig, kann eine Flasche Bier in einem Zug austrinken usw.

2. *Deine Lebensumstände*
Beispiele:
- Menschen, mit denen du arbeitest
- Menschen, für die du arbeitest
- Menschen, die für dich arbeiten
- Familie
- Freunde
- Nachbarn
- Dein »Fanclub«
- Menschen, mit denen du zur Schule gegangen bist
- Ehemalige Arbeitskollegen
- Kunden/Klienten

3. *Bargeld und Geldanlagen, die dir zur Verfügung stehen*
Beispiele:
Bankkonten, Investitionen, Eigenkapital, Fremdkapital usw.

4. *Dein Besitz*
Beispiele:
Haus, Computer, Auto, Faxgerät, Fotokopierer, Schreibtisch, Stühle, Bücher zum Thema »Persönlicher und beruflicher Erfolg« usw.

Ein Grund, warum es wichtig ist, eine Liste mit deinen Ressourcen zu erstellen, liegt darin, dass diese Liste dich zwingt, über deine Wohlfühlzone hinauszudenken. Und wenn du einmal bereit bist, etwas zu tun, das du noch nie zuvor getan hast, dann wird alles möglich!

Das Gesamtbild

Hier ist ein Beispiel, wie das ganze System der Traumbestimmung im Zusammenspiel wirkt:

Mein großer Traum

Für mich sind die folgenden Dinge am wichtigsten:

1. Etwas in der Welt bewirken
2. Glücklich sein
3. Freundlicher Umgang mit anderen Menschen
4. Finanzielle Sicherheit
5. Guter Gesundheitszustand

Wenn ich alles sein, tun und haben könnte, wäre ich ...

... ein unheimlich erfolgreicher Unternehmer, dessen innovative Produkte die Gesundheitsbranche revolutionieren und das Leben unzähliger Menschen verbessern würden.

Ich befinde mich auf Erfolgskurs, wenn ...

... ich mich gesund und fit fühle, ein schönes Auto fahre, schöne Kleidung trage und genügend Geld auf dem Konto habe.

... wenn die Menschen mir sagen, wie sehr unsere Produkte dazu beigetragen haben, ihre Lebensqualität zu erhöhen.

... wenn ich jeden Tag glücklich und zufrieden bin.

Vierter Tag Was erträumst du dir vom Leben?

Grundlegende Ziele	Zeitrahmen
1. *Nach neuen, innovativen Gesundheitsprodukten Ausschau halten*	*Innerhalb von 3 Monaten*
2. *Das Produkt auswählen, das zuerst verkauft werden soll*	*Innerhalb von 6 Monaten*
3. *Genügend Geld sparen, um meinen Job aufgeben zu können*	*Innerhalb von einem Jahr*
4. *Wenigstens drei Produkte haben, die sich gut verkaufen sowie mindestens fünf Vertreter*	*Innerhalb von 18 Monaten*
5. *Sich an der Entwicklung eines einzigartigen Produkts zur Gesundheitsverbesserung beteiligen*	*Innerhalb von 3 Jahren*
6. *Mein Produkt patentieren lassen und vermarkten*	*Innerhalb von 5 Jahren*
7. *Eine Million Euro durch mein Patent verdienen und als Experte in diesem Bereich anerkannt werden*	*Innerhalb von 10 Jahren*

Nun bist du an der Reihe. Fülle die Vordrucke auf den nächsten Seiten aus, oder kopiere sie auf deinen Computer oder in dein Tagebuch.

Mein großer Traum

Am wichtigsten sind mir folgende Dinge:

1.

2.

3.

4.

5.

Wenn ich all dies sein, tun und haben könnte, würde ich ...

Ich befinde mich auf Erfolgskurs, wenn ...

Vierter Tag Was erträumst du dir vom Leben?

Grundlegende Ziele	Zeitrahmen
1.	
2.	
3.	
4.	
5.	
6.	
7.	

Erinnerst du dich noch an den zweiten Tag? Dort haben wir gesehen, dass wir – wenn wir etwas Neues tun – eine Nervenverbindung im Gehirn herstellen, durch die wir die neue Erfahrung immer wieder abrufen können. Jedes Mal, wenn wir ein bestimmtes Verhalten wiederholen, verstärken wir die damit verbundene Nervenbahn. Deshalb ist es so wichtig, sich den Erfolg zuerst geistig vorzustellen. Die meisten Spitzenathleten, mit denen ich gearbeitet habe, haben unzählige erfolgreiche Begegnungen und gewonnene Rennen in ihrem Kopf durchgespielt, bevor sie überhaupt ihren Fuß in die Wettkampfarena setzten. Wenn du jeden Tag visualisierst, wie du deinen Traum lebst, stärkst du die Nervenbahnen, die dich zum Erfolg führen.

Hier ist eine einfache Übung, die du jeden Tag machen kannst, um dein Gehirn auf Erfolg zu programmieren:

> **In welche Richtung soll sich dein Leben bewegen?**
>
> **1.** Halte einen Moment lang inne, und stell dir lebhaft vor, wie dein Leben aussieht, wenn du deinen Traum verwirklicht hast. Was siehst du? Was hörst du? Was sagen die Menschen zu dir? Was erzählst du dir selbst? Stell dir deinen gelebten Traum so detailliert wie möglich vor. Schaffe dir eine reiche innere Erfahrung, so als ob du deinen Traum bereits verwirklicht hättest.
>
> **2.** Als Nächstes nehmen wir alles, was du willst, was dir wirklich etwas bedeutet und was du dir am meisten wünschst, und lassen es in deine ideale Woche einflie-

> ßen. Wie fängt eine solche Woche an? Stell dir die Menschen vor, die in deiner unmittelbaren Umgebung sind, die Orte, die du aufsuchst, die Dinge, die du besitzt. Wie gut fühlst du dich? Wo gehst du jeden Tag hin? Was machst du? Wen triffst du? Welche Dinge zeigen dir, wie erfolgreich du bist?
>
> 3. Stell dir so lange deine ideale Woche vor, bis du jedes Detail lebhaft vor Augen hast. Das Ganze sollte ein Prozess sein, an dem du Spaß hast – wenn es sich wie Arbeit anfühlt, solltest du dir eine Pause gönnen und erst dann weitermachen, wenn du völlig entspannt bist und deiner Phantasie freien Lauf lassen kannst …

Und nun handle!

Wenn du einfach nur an das denken müsstest, was du willst, und schon würde es auf magische Weise Realität werden, würde jeder einen Ferrari fahren, in einer Villa leben, teuren Schmuck tragen oder mit wunderschönen Geliebten schlafen. Es wäre das reinste Chaos! Aus diesem Grund hat das Universum dafür gesorgt, dass es zwischen Wunsch und Verwirklichung einen Zwischenschritt gibt – das gezielte Handeln.

Manche Menschen sitzen herum und träumen in den Tag hinein, ohne jemals etwas zu unternehmen. Wenn du dir jedoch lebhaft vorstellst, wie du idealerweise leben möchtest, und dich jeden Tag darauf konzentrierst, wirst du immer

> *»Du baust dir kein Ansehen durch das auf, was du künftig tun willst. Es ist ganz einfach: Lass deiner Phantasie freien Lauf, stell dir vor, was du willst, und geh dann hinaus in die Welt und tue es!«*
> HENRY FORD

mehr zum Handeln motiviert und weißt, in welche Richtung du dich bewegen willst.

Wie das Sprichwort schon sagt: »Eine Reise von 1000 Kilometern beginnt mit dem ersten Schritt.« Entscheide dich für wenigstens eine Sache, die du heute tun kannst und die dich in Richtung deines Traumes weiterbringt, und dann tue es einfach. Selbst ein kleiner Schritt ist in Ordnung – zum Beispiel ein Telefongespräch zu führen oder ein paar Nachforschungen anzustellen.

Denk daran, dass in dem Moment, in dem du dich zu etwas verpflichtest, sich auch die Vorsehung für dich in Bewegung setzt. Viele unvorhergesehene Dinge geschehen, und du erhältst von allen Seiten Unterstützung. Deine Entschiedenheit wirkt wie ein Magnet, der die positiven Dinge anzieht.

Goethe hat dazu Folgendes gesagt:

»Zögere nicht, das zu tun, was du kannst oder dir erträumst. Kühnheit hat Genie und Zauberkraft in sich.«

Worauf wartest du noch?

Bis morgen,
Paul McKenna

PS: Morgen werden wir uns mit dem wichtigsten Fundament eines erfüllten Lebens befassen – einer strahlenden Gesundheit!

Fünfter Tag

Gesundheitliche Grundlagen

Wie du Körper,
Geist und Seele gesund hältst

Bevor du heute anfängst: Nimm dir ein paar Minuten Zeit und wiederhole die Übung »Programmiere dein Selbstbild auf Erfolg« vom ersten Tag (Seite 39f.). Schau dir noch einmal deinen Lebenszweck, deine Werte und deine Ziele vom vierten Tag an. Beantworte die folgenden Fragen:

1. Wie wirst du deine Werte leben und in die Tat umsetzen?

2. Welche drei Dinge nimmst du dir vor, die dich deinen Zielen näher bringen?

3. Stell dir vor, dass du deinen Tagesablauf bewusst bestimmst – wie gehst du mit den Herausforderungen um, mit denen du täglich konfrontiert bist?

Wenn du dich weiterhin auf Erfolg programmierst, wirst du sehen, dass dein Leben immer mehr zu einem großartigen Abenteuer wird!

Fünfter Tag Gesundheitliche Grundlagen

Ein Jäger ging durch den Dschungel. Plötzlich sah er einen Tiger, aber der Tiger bemerkte ihn ebenfalls.

Der Jäger rannte so schnell er konnte weg und stürzte einen Abhang hinunter. Im Fallen ergriff er eine Baumwurzel und blieb an ihr hängen.

Er schaute hoch und sah den Tiger, der hungrig zu ihm hinabblickte. Dann sah er, dass ein zweiter Tiger unter ihm erschienen war, der ebenfalls hungrig zu ihm hinaufschaute.

Auf einmal fiel ein wenig Dreck auf sein Gesicht. Er schaute hoch und sah zwei Mäuse, die die Wurzel durchnagten, an der er sich festhielt.

Zu seiner Rechten sah er, dass eine Biene in eine Baumspalte flog. Dort sah er einen Bienenkorb voller Honig. Er streckte die Hand aus und probierte etwas von dem Honig. Er schmeckte köstlich.

Was ist die Hauptursache für Krankheit?

In Großbritannien wurde kürzlich eine alarmierende Studie von Dr. Bernhard Stewart veröffentlicht, die darauf hinweist, dass die Anzahl der weltweiten Krebsfälle bis zum Jahr 2020 um 50 Prozent auf fünfzehn Millionen neue Erkrankungen steigen wird, wenn die Menschen nicht anfangen, für ihre Gesundheit und ihr Wohlbefinden selbst die Verantwortung zu übernehmen. In der Studie steht ebenfalls, dass zwei Drittel aller Fälle durch Veränderungen im persönlichen Lebensstil entweder verhindert oder geheilt werden können.

Obgleich einige dieser notwendigen Veränderungen den Rahmen dieses Buchs sprengen würden, lässt sich der Großteil davon recht einfach zusammenfassen:

Begrenze die Zufuhr von Schadstoffen und erhöhe gleichzeitig die »Stressresistenz« deines Körpers.

Die meisten Ärzte stimmen mittlerweile zu, dass die geistige Einstellung eine grundlegende Auswirkung auf das Wohlbefinden einer Person hat. Fast jeder hat schon mal die Erfahrung gemacht, dass ihn seine Gedanken auch körperlich krank gemacht haben. In meiner Kindheit hat es mich immer wieder erstaunt, wie viele meiner Klassenkameraden ausgerechnet am Tag einer Klassenarbeit krank waren. Es sind dieselben Menschen, die sich ständig von etwas beeinflussen lassen, das ich »kulturelle Hypnose« nenne. Sobald sie hören, dass wieder einmal eine Grippe die Runde macht, werden sie auch schon krank.

Fünfter Tag Gesundheitliche Grundlagen

Forschungen haben gezeigt, dass Optimisten im Allgemeinen länger leben und glücklicher und gesünder sind. Der Hauptgrund dafür liegt darin, dass eine optimistische Grundeinstellung unser Immunsystem stärkt. Studien der letzten Jahre haben eindeutig gezeigt, dass wir die Leistungsfähigkeit unseres Immunsystems entscheidend verbessern können, wenn wir positiv denken und regelmäßig Techniken des Visualisierens anwenden.

> *»Wodurch heilt eine Schnittwunde am Finger? Ist es das Pflaster oder die Salbe, die auf die Wunde aufgetragen wird? Natürlich nichts von beidem, denn der Körper sorgt selbst dafür. Der menschliche Körper repariert sich selbst, heilt sich selbst und erhält sich selbst.«*
> HARVEY DIAMOND

Aber wenn das Geheimnis der Gesundheit in einer positiven Haltung liegt, was verursacht dann Unwohlsein und Krankheit?

Zugespitzt lässt sich sagen:

Die häufigste Krankheitsursache ist Stress.

Studien haben gezeigt, dass die größte Bedrohung des modernen Lebens darin besteht, von unserem eigenen Abwehrsystem getötet zu werden, das – als Antwort auf Stress – zu oft ausgelöst wird.

Was ist Stress?

Im Wörterbuch steht Folgendes:

a) eine zwingende Kraft oder ein bestimmender Einfluss;

b) eine Kraft, die ausgeübt wird, wenn ein Körper oder Körperteil auf einen anderen Körper oder ein anderes Körperteil einwirkt;

c) ein physischer, chemischer oder emotionaler Faktor, der zu körperlicher oder geistiger Anspannung führt und Krankheiten verursachen kann.

Der Stress, den wir in unserem Leben erfahren, kommt jedoch nicht von außerhalb. Er ist die Reaktion unseres Körpers auf die Herausforderungen des Lebens, und zwar sowohl auf die realen als auch auf die eingebildeten. Die Stressreaktion ist tief in uns verwurzelt, da unsere Vorfahren zu extremen physischen Reaktionen und einer plötzlichen Energieexplosion fähig sein mussten, um gegen ein wildes Tier zu kämpfen oder vor ihm zu fliehen. Selbst heute noch hilft uns ein gewisses Maß an Stress, besser zu funktionieren. Die situationsbestimmte Stimulation des Nervensystems hilft uns dabei, einem herannahenden Fahrzeug auszuweichen oder eine energievolle Präsentation zu geben oder mit viel Einsatz Körperübungen zu machen.

Wenn der Geist eine Bedrohung wahrnimmt, beschleunigt sich sofort der Herzschlag. Automatisch erweitern sich die Pupillen, die Muskeln spannen sich an, und Adrenalin wird in den Blutkreislauf freigesetzt. Der Verdauungsprozess kommt zum Stillstand, der Blutdruck steigt, und das Immunsystem wird unterdrückt. Diese Reaktion ist bekannt als die sekundenschnelle Unterscheidung zwischen »Kampf oder Flucht«.

Nun, wenn du beispielsweise von einem Säbelzahntiger angegriffen wirst, brauchst du Energie und Adrenalin, um angemessen zu reagieren. Das eigentliche Problem entsteht erst dadurch, dass wir uns ständig auf Notfälle vorbereiten, die niemals stattfinden. Dadurch wird unser Immunsystem so belastet, dass unsere Adrenalindrüsen sich schließlich erschöpfen und scheußliche Giftstoffe in unseren Körper absondern.

Ich wiederhole erneut:

Die ständige *unangebrachte* Stimulierung unseres Körpers und unseres Geistes kann zu ernsten Krankheiten führen.

Obwohl man im Allgemeinen der Ansicht ist, dass dieser so genannte »negative Stress« nur Menschen betreffe, die in ihrem Beruf einem hohen Druck ausgesetzt sind, so sind wir in Wahrheit fast alle in irgendeinem Ausmaß von ihm betroffen.

> *»Mein Leben ist voll schrecklicher Schicksalsschläge, von denen die meisten nie stattfinden.«*
> MICHEL DE MONTAIGNE

Wir reagieren aus einem Sicherheitsbedürfnis heraus und bringen uns dadurch buchstäblich um. Es ist, als würden wir einen Stall niederbrennen, nur um das Schwein zu rösten.

Heutzutage müssen wir nicht mehr ständig vor wilden Tieren auf der Hut sein, aber dennoch ist das 21. Jahrhundert voller Bedrohungen. Jeder Tag bringt Anforderungen und Stress.

Auf der Fahrt zur Arbeit gerätst du in einen Verkehrsstau, du streitest dich mit jemandem, dir flattert eine unerwartete Rechnung ins Haus, deine Kinder haben eine große Schweinerei angerichtet, dein Chef hat dich kritisiert und so weiter.

Auf bewusster Ebene mag dir das alles nicht als bedrohlich erscheinen, aber dein Nervensystem unterscheidet nicht zwischen einer physischen Bedrohung deines Körpers und einer mentalen Bedrohung deines Egos. Forschungen haben ergeben, dass wir uns am meisten Sorgen über Dinge machen, die gar nicht real sind, sowie über Dinge, die vergangen sind und nicht mehr zu ändern sind.

Im Grunde genommen machst du dir deshalb Sorgen, weil du deinem Gehirn keine bessere Beschäftigung gibst. Natürlich ist es wichtig, über ein dynamisches emotionales Spektrum zu verfügen, damit du – wenn dich jemand angreift – genug Angst und Wut verspürst, um dich zu verteidigen. Mir geht es hier nur darum, dass die Stressreaktion *unnötigerweise* den ganzen Tag über aufrechterhalten wird. Dies summiert sich im Laufe der Zeit und führt zu ernsthaften Problemen.

Hans Seyle, der als Erster die physiologischen Konsequenzen von Stress untersuchte, hat einmal Folgendes bemerkt:

»Der größte Stress für Menschen ist emotionaler Natur. Unsere emotionale Reaktion wird nicht so sehr durch das Ereignis selbst, sondern vielmehr durch unsere Interpretation des Geschehens bewirkt.«

Indem wir unser Leben aus einer positiven Perspektive heraus betrachten und unsere Erfahrungen anders interpretieren, können wir Nutzen aus den Ereignissen unseres Lebens ziehen, anstatt nur chaotisch auf sie zu reagieren.

Immer wenn du dich schlecht fühlst, entsteht das schlechte Gefühl aus deiner eigenen Stressreaktion heraus. Aus diesem Grund wenden sich die Menschen in unserer Kultur dem Alkohol, den Zigaretten oder anderen Drogen zu. Sie tun es, um sich besser zu fühlen und mit dem Stress klarzukommen. Da andauernder negativer Stress zu Krankheiten führen kann, stellt er ein ernsthaftes Problem dar, das man nicht unter den Tisch kehren darf.

> *Wenn du wissen möchtest, welche Gedanken du gestern gehabt hast, brauchst du nur zu beobachten, wie sich dein Körper heute anfühlt.«*
>
> INDIANISCHES SPRICHWORT

Soll ich also einfach nur Stress vermeiden?

Jede Studie über die Auswirkungen von Stress auf unser Wohlbefinden und unsere Leistungsfähigkeit umfasst drei verschiedene Bereiche: Stressausmaß, Stressreaktion und Stressfähigkeit.

Die meisten Programme, in denen es darum geht, besser mit Stress fertig zu werden, konzentrieren sich auf eine Kombination der ersten beiden Faktoren – die Reduktion von Stress (»Herunterfahren«) und das Entwickeln einer wirkungsvollen Art und Weise, mit ihm umzugehen (zum Beispiel durch Entspannungsmethoden, Meditation usw.). Dennoch ist von den drei Bereichen die Stressfähigkeit der entscheidende Faktor, um Gesundheit und Erfolg auf lange Sicht zu gewährleisten.

Je besser wir mit Stress umgehen können, desto öfter werden wir unser volles Leistungsspektrum bringen, besonders in Situationen, in denen wir unter großem Druck stehen. Wie erhöhen wir also unsere Fähigkeit, mit Stress umzugehen?

Ganz einfach – wir erhöhen systematisch den Stress, dem wir ausgesetzt sind, und vergrößern gleichzeitig das, was der Stressexperte Dr. James Loehr »qualitativ hochwertige Erholungszeit« nennt.

Die Formel dafür lautet so:

Ein größeres Ausmaß an Stress
+ qualitativ hochwertige Erholungszeit
= größere Stressfähigkeit

Wir wollen uns zum besseren Verständnis ein bekanntes Beispiel anschauen. Wenn du Körperübungen machst, setzt du deinen Körper freiwillig unter Stress. Um deine Fitness zu steigern, musst du deinem Körper auch die Möglichkeit geben, sich zu erholen. Jedes Mal, wenn deine Muskeln (einschließlich deiner Herzmuskeln im Fall von Aerobic-Übungen) unter Stress gesetzt werden und dann Zeit haben, sich zu erholen, werden sie stärker.

Marathonläufer und Triathleten betonen die Bedeutung des Intervall-Trainings, weil es dem gleichen Muster folgt. Indem sie zwischen Phasen intensiver Aktivität, wie sprinten oder laufen (Stressausmaß), und ruhiger Aktivität, wie spazieren gehen oder sich ziellos bewegen (Erholungszeit) abwechseln, verbessern sie systematisch ihre Kraft und ihre Ausdauer (Stressfähigkeit).

> »Wünsch dir nicht, dass es leichter wäre – wünsch dir, dass du härter wärst.«
> JIM ROHN

Sich zwischen Stress und Erholung hin und her zu bewegen, ist nicht nur eine schöne Idee, sondern eine Notwendigkeit. In Japan drohte *karoshi* oder der Tod durch Überarbeitung eine Zeit lang zu einer nationalen Epidemie zu werden. Obgleich der Tod vielleicht der letzte Ausweg ist, um sich zu erholen, reagieren wir normalerweise mit Ausgebranntsein, Erschöpfung und »mysteriösen Krankheiten«, um unbewusst dem Bedürfnis des Körpers nach Ausgleich und Balance nachzugeben.

Hier sind ein paar einfache Übungen, die du machen kannst, um Stress zu verringern und deine Stressfähigkeit zu erhöhen ...

1. Das erholsame Nickerchen

Jüngste Forschungen haben gezeigt, dass Gehirn und Körper ein bestimmtes Aktivitätsmuster haben, in dem ungefähr alle 90 Minuten eine kurze Ruhephase eintritt. Der Körper reduziert dann seine nach außen gerichteten Aktivitäten und nimmt sich zirka 15 Minuten Zeit, um sich zu entspannen und neue Energie zu tanken.

Bekannt ist dieses Muster unter dem Namen »ultradianischer Rhythmus«. In der kurzen Ruhephase ist ein wenig Tagträumerei angesagt; du fühlst dich entspannt und erfrischt. Es handelt sich ganz einfach um einen natürlichen, körpereigenen Mechanismus, um Stress zu kontrollieren.

Unglücklicherweise ignorieren die meisten Menschen die Botschaft ihres Körpers, dass es Zeit ist, sich ein bisschen zu entspannen, und trinken stattdessen eine weitere Tasse Kaffee oder versuchen sich noch mehr zu konzentrieren. Auf diese Weise etablieren sie mit der Zeit bestimmte Gewohnheiten, die sich über den ultradianischen Rhythmus hinwegsetzen.

Wenn du dich also in Zukunft dabei ertappst, wie du gedanklich abschweifst und ein Gefühl der Entspannung sich in deinem Körper ausbreitet, solltest du es geschehen lassen und dir erlauben, dich 10 bis 15 Minuten lang wirklich zu entspannen. Du wirst dich hinterher wieder geistig und körperlich frisch fühlen und dich besser konzentrieren können.

Du kannst dieses Experiment auch noch vertiefen, indem du Selbsthypnose praktizierst oder meditierst. Ich lasse mich oft in Trance fallen und stelle mir vor, ich liege an einem exotischen Strand in der Sonne. Da das Nervensystem nicht zwischen einem realen und einem lebhaft vorgestellten Ereignis unterscheidet, erwache ich aus meiner Trance mit dem Gefühl, gerade aus dem Urlaub zu kommen – was in Bezug auf das Nervensystem auch tatsächlich zutrifft.

Das Gute ist, dass du deine Batterien durch ein kurzes Nickerchen aufladen kannst, wann und wo immer du möchtest. Wenn du ein bisschen Übung darin hast, wird es niemand bemerken. Wenn du es im Bus oder im Zug tust, denkt jeder, dass du gerade vor dich hin döst.

Die folgende Übung ist eine Version des Nickerchens, die ich meistens benutze. Sie dauert nicht lange und ist eine gute Angewohnheit, die generell dem Stressabbau dient. Selbst wenn du in einem offenen Büro oder einer offenen Fabrikhalle arbeitest, lässt sich immer ein Grund finden, um für 5 Minuten zu verschwinden. Und denk dran: Die Wiederholung ist die Mutter des Erfolgs!

Das erholsame Nickerchen
Mach diese Übung ein- oder zweimal am Tag, um dich zu erholen und dein Wohlbefinden zu steigern.
1. Fang an, indem du deine Aufmerksamkeit auf deine Füße richtest. Wie fühlen sich deine Füße an? Sind sie warm oder kalt, schwer oder leicht?
2. Atme tief ein, und stelle dir beim Ausatmen vor, dass sich deine Füße warm und entspannt anfühlen.
3. Atme erneut tief ein, und stelle dir vor, dass das warme, entspannte Gefühl bis zu deinen Knien aufsteigt. Sag im Geist die Zahl »Eins«.
4. Lass es zu, dass das warme und entspannte Gefühl deinen Körper durchströmt. Spüre, wie es sich sanft ausdehnt und dich durch seine Bewegung beruhigt.
5. Nimm einen weiteren tiefen Atemzug, wenn du fertig bist, und stell dir vor, dass dieses warme, entspannte Gefühl bis zu deiner Taille hinaufsteigt. Wenn es dort angekommen ist, sag die Zahl »Zwei«.
6. Atme ein, zieh das Gefühl der Erleichterung und Entspannung hoch zu deinen Schultern, und sage »drei«.
7. Lass die Entspannung bis in deine Schultern fließen und von dort in Arme und Hände. *Fortsetzung*

8. Atme ein, und lass das Gefühl deinen ganzen Körper bis hoch zum Kopf einnehmen. Sage »vier«, und verteile dieses angenehme, entspannende Gefühl im ganzen Körper.
9. Sag nun geistig die Zahl »Fünf«, und stell dir vor, dass sich das entspannte Gefühl verdoppelt, als ob ein neuer, frischer Strom der Entspannung von oberhalb deines Kopfes auf dich herabströmt und sich mit dem warmen, entspannten Gefühl verbindet, das bereits in deinem Körper zirkuliert.
10. Und während du dir vorstellst, wie dieser Strom der Entspannung durch deinen Körper strömt, spürst du, wie er alle Anspannung löst und sie durch deine Fußsohlen ausscheidet. Auf diese Weise macht er Platz für neue, erfrischende Energien, die du mit jedem Atemzug in deinen Körper atmest. Lass dir genug Zeit, um dieses Gefühl der Entspannung wirklich zu genießen.
11. Schenke diesem herrlichen Gefühl deine ganze Aufmerksamkeit, und wiederhole den Ablauf, wenn du möchtest. Je mehr Übung du mit dieser Technik bekommst, desto wirkungsvoller wird sie.

Bleib in diesem Gefühl der Entspannung, solange du es wünschst. Wenn an einem bestimmten Punkt deine Aufmerksamkeit umherwandert oder du die Augen schließen möchtest, dann lass es einfach geschehen. Du wirst dich in wenigen Minuten wach und erfrischt erheben.

> **Berühmte »Mittagsschläfer«**
>
> Thomas Edison und Salvador Dalí waren erklärte Mittagsschläfer. Sie hatten eine besondere Methode, um ihre geistigen und körperlichen Energien wieder aufzuladen.
>
> Sie setzten sich auf ihren Lieblingsstuhl vor den Kamin und hielten dabei einen Löffel oder einen anderen metallenen Gegenstand in der Hand. In dem Moment, in dem sie einschliefen, entspannte sich die Hand, und der Löffel fiel zu Boden. Sobald sie das Scheppern des Löffels auf dem harten Holzfußboden hörten, erhoben sie sich erfrischt aus ihrem Stuhl.

2. Körperliche Bewegung

Wie wir bereits gesehen haben, unterscheidet der Körper nicht zwischen einer emotionalen und einer körperlichen Bedrohung. Was auch geschieht, er versucht sich dadurch zu schützen, dass er entweder kämpft oder flieht. Aber oft ist niemand da, um zu kämpfen, und es besteht auch keine Möglichkeit, einfach wegzulaufen. Der Körper verkrampft sich immer mehr und wird seine Anspannung nicht mehr los.

Zum Glück kann der Körper den Geist genauso beeinflussen wie der Geist den Körper. Wenn du deinem Körper hilfst, seine Anspannung als Folge von zu viel Stress loszulassen, wird er sich ruhiger, sicherer und gesünder fühlen. Dies wiederum hat Auswirkungen auf deine Stimmung. Du bist dann emotional klarer und kannst dich besser konzentrieren, besser entspannen und besser schlafen.

Der beste Weg, dem Körper dabei zu helfen, seine überschüssigen Spannungen wieder loszuwerden, besteht darin, die Energie und Wachsamkeit aufzubrauchen, die er bereitgestellt hat – mit anderen Worten: den Körper zu bewegen.

Bevor du nun die Hände verzweifelt über dem Kopf zusammenschlägst, solltest du dir klar machen, dass körperliche Bewegung nichts Großartiges sein muss. Wenn du nicht an Körperübungen gewöhnt bist, wird selbst ein schneller Spaziergang hilfreich sein. Es kommt nur darauf an, die überschüssige Anspannung und Energie im Körper aufzubrauchen und den natürlichen Impuls des Körpers nach Ruhe, Entspannung und Erholung anzustoßen, der auch als »parasympathische Reaktion« bekannt ist.

> »Alle zehn Forschungsstudien stimmten dahingehend überein, dass körperliche Bewegung entscheidenden Einfluss auf unsere Stimmung hat und Depressionen entgegenwirkt. Die drei Studien, die Körperübungen mit Psychotherapie verglichen haben, kamen zu dem Schluss, dass körperliche Bewegung mindestens genauso effektiv ist.«
> VERBRAUCHERINFORMATIONEN DES AMTES FÜR GESUNDHEIT

Die parasympathische Reaktion ist das angenehme Gefühl in deinen Muskeln, wenn du schwere körperliche Arbeit geleistet oder dich ausgiebig bewegt hast. Du bist dann in Hochstimmung, weil dein Körper Endorphine, seine natürlichen Opiate, ausschüttet. (Am siebten Tag befassen wir uns näher mit ihnen.)

In den letzten 20 Jahren wurde oft betont, wie wichtig Körperübungen sind, um unsere allgemeine Fitness zu erhöhen, aber Studien haben gezeigt, dass sie auch gleichermaßen wichtig sind, um Stress in den Griff zu bekommen. Schwimmen, Laufen oder jede andere Form der Bewegung, die das Blut mit Sauerstoff anreichert, erleichtert den Umgang mit Stress.

Du musst also nicht warten, bis du all die Übungen zur Kontrolle deiner mentalen und emotionalen Muster beherrschst, die du bis jetzt gelernt hast. Du kannst dir sofort einen positiven Schub geben, indem du einfach jeden Tag 10 bis 15 Minuten anregende Körperübungen machst.

3. Energieaufnahme mit der Nahrung

Es gibt buchstäblich Tausende von Büchern über das Thema gesunde Ernährung, und viele stehen im direkten Widerspruch zueinander. Damit du dich leichter durch all die Informationen und Desinformationen, welche die Buchläden, die Bibliotheken und das Internet füllen, navigieren kannst, empfehle ich dir die folgende einfache Regel:

Lerne auf deinen Körper zu hören.

In einem faszinierenden Experiment, das in den 1930er Jahren durchgeführt wurde, gaben Wissenschaftler einer Gruppe von Kleinkindern sieben Tage lang rund um die Uhr Zugang zu einer großen Palette von Nahrungsmitteln, angefangen bei Eiskrem bis hin zu Spinat. Über einen Zeitraum von 30 Tagen wurde den Kindern erlaubt, sich ihr Essen selbst nach Lust und Laune zusammenzustellen.

Und das Ergebnis?

Im Laufe von einem Monat wählte jedes Kind im Großen und Ganzen das, was als eine »ausgewogene« Ernährung betrachtet wurde – trotz gewisser Variationen im Hinblick auf Zeitpunkt, Abfolge und Häufigkeit der Nahrungsaufnahme. Wenn wir lernen, auf die Weisheit unseres Körpers zu hören, können auch wir in den Genuss einer optimalen Ernährung kommen.

Tatsache ist, dass manche Nahrungsmittel Vitalität und Wohlbefinden erhöhen, während andere sie verschlechtern. Der Autor und Forscher Dr. Gay Hendricks empfiehlt die folgende Vorgehensweise, um zu bestimmen, welche Nahrungsmittel dir persönlich die meiste Energie geben:

Erster Schritt: Iss etwas, das dir schmeckt.

Zweiter Schritt: Beobachte, wie sich dein Körper 45 bis 60 Minuten später anfühlt. Wenn du klar und energiegeladen bist, hast du etwas gegessen, das dir Energie gibt. Wenn du dich matt und kraftlos fühlst, war es nicht das Richtige für dich.

Dr. Hendricks entdeckte auch, dass das Gefühl, Energie getankt zu haben, das jemand eine Stunde nach dem Essen hat, meistens noch mehrere Stunden anhält – gewöhnlich so lange, bis er erneut hungrig wird.

Indem du dich nur eine Woche lang selbst beobachtest, kannst du dir auf diese Weise die perfekte Ernährung maßschneidern!

4. Heilsames Lachen

Jüngste Forschungen haben ergeben, dass gesunde Menschen in der Regel auch fröhliche Menschen sind. Aus diesem Grund ist der Sinn für Humor nicht zu unterschätzen. Gesunder Humor ist lebenswichtig, und zwar als grundlegende Geisteshaltung und nicht bloß zweckgebunden, um sich auf Partys zu amüsieren. Wenn du »leichten Herzens« bist, produziert dein Körper andere Substanzen, als wenn du unglücklich bist.

Norman Cousins beschreibt in seinem Buch *Der Arzt in uns selbst. Anatomie einer Krankheit aus der Sicht des Betroffenen,*

> »Dr. Lee S. Berk hat die Verbindung zwischen einem ›lachenden Gehirn‹ und dem Immunsystem erforscht. An ausgewählten Kontrollgruppen wurden vor und nach einer erheiternden Aktivität, wie zum Beispiel das Anschauen eines lustigen Films, Bluttests vorgenommen. Das Ergebnis war ein Anstieg der natürlichen Fresszellen, die für ein funktionierendes Immunsystem von entscheidender Bedeutung sind. ›Jeden Tag verändern sich die Zellen unseres Körpers auf unterschiedliche Weise und erzeugen potenzielle Krebszellen‹, sagt Berk. ›Natürliche Fresszellen zerstören diese anomalen Zellen ... Das heißt natürlich nicht, dass die Ärzte jetzt nur noch Filme mit Dick und Doof verschreiben sollen, aber es ist inzwischen eine wissenschaftliche Tatsache, dass Humor der Gesundheit zuträglich ist. Lachen wirkt ebenso wie ein Medikament.‹«
>
> Aus: *The Guardian* vom 25. März 2003

wie Humor ihm dabei geholfen hat, seine Schmerzen in den Griff zu bekommen und seinen Körper letztlich von Morbus Bechterew zu heilen, einer degenerativen Wirbelsäulenentzündung, die damals in 499 von 500 Fällen als unheilbar galt. Cousins erholte sich nicht nur von dieser Krankheit, sondern lebte auch noch weitere 25 Jahre bei bester Gesundheit.

Wenn wir lachen, wird Serotonin freigesetzt, das als »Glückshormon« des Gehirns bekannt ist. Obgleich »sich gesund lachen« im Westen immer noch als eine zweifelhafte Therapie betrachtet wird, benutzen die Taoisten die Kraft des »inneren Lächelns« schon seit 2500 Jahren als machtvolles Werkzeug auf dem Weg zur Genesung!

Ich stieß zum ersten Mal auf die Praxis des inneren Lächelns in der Arbeit des modernen taoistischen Meisters Mantak Chia, der schreibt:

»Taoistische Weise sind der Überzeugung, dass die Organe, wenn wir lächeln oder lachen, eine honigähnliche Substanz abgeben, die den ganzen Körper nährt. Wenn wir wütend sind, Angst haben oder unter Stress stehen, produzieren sie eine Art Gift, das die inneren Energiekanäle blockiert.«

Die Praxis des inneren Lächelns, die ich jetzt beschreiben möchte, dient mir selbst dazu, Anspannung loszuwerden und ein Gefühl der Erleichterung und des Wohlbefindens in meinem Körper zu erzeugen.

Fünfter Tag Gesundheitliche Grundlagen

Das innere Lächeln

1. Sitze bequem – obgleich du das innere Lächeln letztlich überall und in jeder Position praktizieren kannst.
2. Lass ein Lächeln in deinen Augen tanzen. Wenn du möchtest, kannst du auch die Mundwinkel leicht anheben, so als ob du ein aufregendes Geheimnis kennen würdest, das du jedoch für dich behältst.
3. Lächle so lange in jeden Teil deines Körpers, der sich verkrampft oder unangenehm anfühlt, bis er sich lockert und entspannt.
4. Lächle in jeden Teil deines Körpers, der sich besonders gut anfühlt. Du kannst das Lächeln verstärken, indem du diesen Teilen deines Körpers dankst, dass sie dir helfen, gesund und stark zu sein.
5. Erlaube dem inneren Lächeln, jeden Bereich deines Körpers zu durchdringen. Du kannst dies auf folgende Weise tun:

    a) Lächle in deine Organe – in das Herz, die Leber, die Bauchspeicheldrüse, die Nieren, die Adrenalindrüsen und so weiter. Du musst nicht genau wissen, wo sich diese Organe im Einzelnen befinden; es reicht aus, sie sich vorzustellen, dein Körper leitet dann die Energie dorthin.

    b) Lächle durch die Speiseröhre hinab bis in deinen Magen. Lächle den ganzen Weg durch deinen Dünn-

Fortsetzung

und Dickdarm, bis dein Lächeln unten wieder aus dir herauskommt. (Wenn du eine Idee hast, wie man das noch besser ausdrücken kann, schick mir bitte eine Postkarte!)

c) Lächle nach oben in dein Gehirn, dann durch die Schädelbasis das ganze Rückgrat hinunter.

So wie du in deinen Körper lächeln kannst, kannst du auch dein ganzes Leben mit einem inneren Lächeln erfüllen. Lächle in eine Beziehung, eine Umgebung oder ein Projekt, an dem du gerade arbeitest, hinein, und drücke deinen Dank aus. Achte darauf, wie sich dadurch die Energie der gesamten Situation verändert!

5. Vertrau dir selbst

Vor ein paar Jahren wurde ein interessantes Forschungsprojekt durchgeführt, um herauszufinden, warum bestimmte Menschen Krebs überleben, während der überwiegende Teil an ihm stirbt. In der Studie wurden 100 Personen interviewt, die zu einem bestimmten Zeitpunkt als unheilbar krank eingestuft wurden, aber mindestens zwölf Jahre nach der Diagnose noch am Leben waren.

Die Studie zielte darauf ab, bestimmte Denk- und Verhaltensmuster zu identifizieren, die den Überlebenden einer tödlichen Krankheit gemein waren. Das Ergebnis ist erstaunlich, aber in sich schlüssig. Obwohl alle Testpersonen unterschiedliche Behandlungen wählten, von Operation über Chemothe-

Fünfter Tag Gesundheitliche Grundlagen

Warum kann mir mein Arzt nicht einfach etwas gegen Stress verschreiben?
Die Anonymen Alkoholiker sagen, dass der Körper nicht zwischen einem verschriebenen Medikament und einer Droge unterscheiden kann, die man an der Straßenecke kauft.
Es gibt auch andere Möglichkeiten, um deine Gesundheit zu verbessern. Heutzutage hören wir aus allen Richtungen, was nicht gut für uns sei, aber dabei sollten wir eine wichtige Sache nicht vergessen: Jeder hat sein eigenes Immunsystem. Körper und Geist arbeiten zusammen, um das wunderbare Gefäß zu heilen, zu schützen und zu regulieren, das unsere Identität darstellt. Wir leben in einer Zeit, in der außerordentliche medizinische Fortschritte an der Tagesordnung sind. Medikamente und operative Eingriffe stehen jedem zur Verfügung. Viele Menschen erwarten, dass ihr Arzt ihnen unmittelbare Erleichterung verschafft, und geben die Verantwortung für ihre Gesundheit in die Hände von professionellen Medizinern. Sie schlucken lieber eine Medizin, als an ihrem Lebensstil oder ihrer Ernährungsweise etwas zu verändern.
Die stark angestiegene Einnahme von verschriebenen Medikamenten hat zu einem anderen Problem geführt. Dr. E. W. Marting glaubt, dass in den USA und in Großbritannien mehr Menschen durch die Einnahme von Medikamenten sterben als durch Autounfälle. Vielleicht ist dies einer der Gründe, warum Menschen immer mehr nach alternativen Möglichkeiten suchen, um ihre Gesundheit zu verbessern.

rapie bis hin zu Akupunktur und Rohkost – und einige hatten sich sogar ganz auf rein psychologische Methoden oder religiöse Praktiken verlassen –, hatten alle hundert Personen etwas gemein:

Sie waren davon überzeugt, dass das, was sie taten, das Beste für sie war.

In der Medizingeschichte gibt es ein interessantes Beispiel für die Macht des Glaubens, das als »Placebo-Effekt« bekannt ist. Ein Placebo ist eine Tablette, in der keine medizinischen Wirkstoffe enthalten sind. Weil in den USA alle neuen Medikamente im Vergleich mit Placebos getestet werden müssen, ist die Wirkungsweise von Placebos außergewöhnlich gut erforscht.

Im Durchschnitt wirken Placebos bei 30 Prozent der untersuchten Personen wie ein normales Medikament. In speziellen Fällen ist ihre Wirksamkeit sogar wesentlich höher. Im Vergleich mit Morphium wirkt ein Placebo bei 54 Prozent der Versuchspersonen, obwohl Morphium nur gegen starke Schmerzen verschrieben wird.

Wir fangen erst an zu verstehen, welchen unglaublichen Einfluss Hypnose hat und welche mögliche Rolle sie künftig in Medizin und Therapie spielen wird. Einige Ärzte haben in jüngster Zeit bewiesen, dass allein die Vorstellungskraft Auswirkungen auf die Gesundheit hat. Andere Studien haben ergeben, dass Menschen, die überzeugt davon waren, ihr Immunsystem selbst beeinflussen zu können, es tatsächlich mit Hilfe von Hypnose und geführter Meditation getan haben.

Viele Menschen können die Produktion schützender Blutzellen in ihrem Körper geradezu willentlich erhöhen und damit ihre Widerstandsfähigkeit schlagartig verbessern.

In einer ähnlichen Studie zeigten zwei japanische Ärzte der Universität von Yokohama, dass 84 Prozent der Probanden eine Hautreaktion durch Berührung mit einer giftigen Pflanze unterdrücken konnten. Das Jucken, die Schwellung und die Bläschen verschwanden, wenn sich die Versuchspersonen unter Hypnose einfach vorstellten, dass es sich bei der giftigen Pflanze um ein harmloses Gewächs handelte. Der große Einfluss des Geistes auf unsere Gesundheit wird auch dann deutlich, wenn wir das Experiment einfach umdrehen. Viele Versuchspersonen bekamen Bläschen auf der Haut, wenn sie sich vorstellten, dass sie nicht ein harmloses Gewächs, sondern eine Giftpflanze berührt hatten.

Als Ergebnis dieser und ähnlicher Studien erkennen heute viele Verantwortliche im Gesundheitsbereich an, dass die innere Einstellung des Patienten ein wesentlicher Faktor auf dem Weg zur Genesung ist.

Aber was ist, wenn ich »wirklich« krank bin?

In einem weiteren erstaunlichen Experiment untersuchte Dr. David Spiegal von der Stanford Universität mehrere Frauen mit Brustkrebs. Während alle Frauen nach dem neuesten Erkenntnisstand behandelt wurden, lernte die eine Hälfte zusätzlich Selbsthypnose und einfache geführte Meditationen, in deren Verlauf sich die Frauen in einem entspannten, schwebenden Zustand vorstellten. Nach einem Jahr berichtete die Gruppe, die gelernt hatte, sich zu entspannen und im Schwebezustand zu visualisieren, von weniger Schmerzen und mehr Optimismus und Zuversicht.

Aber was die Forscher wirklich überraschte, trat erst viel später in Erscheinung. Zehn Jahre nach dem ursprünglichen Experiment hatte die Hälfte der Frauen, die meditierten, durchschnittlich doppelt so lange gelebt wie die erste. Obwohl hier nicht behauptet werden soll, dass Hypnose Krebs heilt, so ist es doch offensichtlich, dass kontinuierliche Selbsthypnose und geführte Meditation die Lebensqualität deutlich verbessern können und einen positiven Einfluss auf die Lebenszeit haben.

Eine der ersten unheilbar kranken Personen, mit denen ich gearbeitet habe, war eine Frau, die Krebs hatte. Jedes Mal nach einer Chemotherapie war ihr Immunsystem total am Boden, und dementsprechend fühlte sie sich auch körperlich und geistig. Ihr Arzt hatte ihr erklärt, dass es normalerweise zwei Wochen dauerte, bis das Immunsystem – nach der Art von Chemotherapie, die sie bekam – wieder im Normalzustand war. Aber nachdem sie einmal die Visualisierungstechnik gelernt hatte, die ich dir gleich vorstellen werde, hatte sich ihr Abwehrsystem bereits nach fünf Tagen wieder vollständig erholt. Der Arzt konnte es kaum glauben.

Ein weniger lebensbedrohliches, aber ebenso dramatisches Beispiel ist eine befreundete Schauspielerin. Sie bemerkte gerade an dem Tag, an dem die Dreharbeiten für ihren neuesten Film beginnen sollten, dass sie wieder einen Ausschlag im Gesicht bekam, der normalerweise fünf Tage lang anhielt. Sie entspannte also ihren Körper und stellte sich vor, dass ihr Immunsystem fünf Tage lang auf Hochtouren lief, wobei sie jeden Tag auf ihrem geistigen Kalender mit einem dicken Kreuz markierte. Fünf »innere Tage« später stellte sie sich vor, dass der Ausschlag verschwunden war. Als sie aus ihrer Visualisierung oder Trance erwachte, waren die »Pickel«, die sonst den bevorstehenden Ausschlag ankündigten, verschwunden, und sie kamen auch nicht mehr wieder.

Ein Experiment, das die Professorin Karen Olness am Kinderkrankenhaus der Universitätsklinik von Cleveland durchführte, machte mir deutlich, wie wichtig ein starkes Immunsystem ist. In dem Experiment wurde einer Gruppe von Kindern ein Video mit Puppen gezeigt. Eine Puppe repräsentierte einen Virus, und eine andere sah wie ein Polizist aus und stand für das Immunsystem. Das Video zeigte eine vereinfachte Darstellung der inneren Vorgänge im Körper, welche die Kinder leicht verstehen konnten.

Als das Video zu Ende war, wurden die Kinder gebeten, die Augen zu schließen, sich zu entspannen und sich vorzustellen, dass viele Polizisten-Puppen um ihre Körper herumsprangen. Speichelproben der Kinder zeigten, dass ihr Immunglobulin-Spiegel deutlich gestiegen war – das heißt, ihr Immunsystem hatte angefangen zu arbeiten, als ob es eine wirkliche Infektion hätte abwehren müssen.

Ich fing an, klinische Untersuchungen auf dem relativ neuen Gebiet der Psychoneuroimmunologie (PNI) zu durchforsten und stieß massenhaft auf unwiderlegbare Beweise dafür, dass es möglich ist, das Immunsystem durch bestimmte Denkweisen zu stärken. PNI liegt die Idee zugrunde, dass der

Körper selbst weiß, wie er sich heilen und eine perfekte ganzheitliche Gesundheit erhalten kann. Dein Immunsystem weiß, welche Zellen zu dir gehören und welche von außen eingedrungen sind und entweder zerstört oder auf geeignete Weise genutzt werden müssen.

Sobald dein Immunsystem mit Bakterien, einem Virus oder einer anomalen Zelle in Kontakt kommt, wird es diese Begegnung nie wieder vergessen. Während diesem ersten Aufeinandertreffen produziert dein Immunsystem gezielte »biochemische Waffen«, um mit ihnen den anomalen »Angreifer« zu bekämpfen. Das Immunsystem ist so stark und schlau, dass es seine Aktionen kontrollieren und koordinieren kann, sodass du mühelos in einem Zustand gesunder Vitalität bleibst.

Das Immunsystem stärken

Ein gesundes Immunsystem ist eine wunderbare Sache und verfügt über fast wundersame Heilkräfte. Diese Kräfte können durch eine einfache Visualisierungsübung verstärkt werden, die ich dir jetzt vorstellen möchte.

Hier ist ein Brief, den ich kürzlich von einem Mann erhielt, der diese Übung benutzt hat, um in seinem eigenen Leben und im Leben anderer Menschen eine große Veränderung herbeizuführen:

Lieber Paul,
vor ungefähr fünf Jahren erhielt ich die schlechteste Nachricht, die man sich nur vorstellen kann. Ich war ein erfolgrei-

cher Verkaufsleiter und hatte Probleme mit seltsamen Anfällen von Schwindel, Benommenheit und Sprachstörungen. Bei einer Verkaufspräsentation verlor ich mitten im Satz den Faden. Nach intensiven medizinischen Tests diagnostizierte der Neurologe bei mir »multiple Sklerose« (MS), eine unheilbare degenerative Nervenkrankheit. Die Diagnose traf mich wie ein Schlag. Meine Träume für die Zukunft lösten sich in Luft auf, und die Ärzte rieten mir, mich auf einen »langsamen Verfall« einzustellen, auf ein unerbittliches Abgleiten in Abhängigkeit, Krankheit und Tod. In meiner Not wäre ich am liebsten weggelaufen und hätte nur noch geheult. Zwei Verschlimmerungen meines Zustandes innerhalb von zwei Monaten bestätigten meinem Neurologen, dass die MS in meinem Körper sehr aktiv war und ich mit einem schnellen Niedergang rechnen müsse.

Dennoch, nach sechs Monaten tiefster Verzweiflung änderte sich meine Einstellung gegenüber der Krankheit, und ich begann Hoffnung zu schöpfen. Ich veränderte meine Lebensweise – angefangen bei einer radikalen Umstellung meiner Ernährung bis hin zu meinen tiefsten philosophischen und spirituellen Überzeugungen. Der Anstoß für diesen Umschwung war Ihre CD »Supreme Self-Confidence« [dt.: »Höchstes Selbstvertrauen«]. Ich bemerkte, wie irgendwo in meinem Innern neue Hoffnung keimte. In meiner Vorstellung schuf ich mir ein starkes positives Selbstbild, das ich immer mehr mit wachsendem Vertrauen füllte. Ein Jahr nach der Diagnose hatte ich wieder mein Idealgewicht und spielte sogar wieder Rugby. Dies alles war möglich durch das neue gesunde Selbstbild, das ich mir zugelegt hatte.

Im Moment erfreue ich mich bester körperlicher und geistiger Gesundheit. Ich mache mir weiterhin die Kraft meines Unterbewusstseins zunutze, während mein Leben und meine Gesundheit immer mehr aufblühen. Nachdem ich mir zum ersten Mal Ihre CD angehört hatte, fand erstaunlicherweise keine einzige Verschlimmerung meines Zustandes mehr statt, und seit über vier Jahren bin ich vollständig symptomfrei. Menschen wie ich – hoffnungslose Fälle, gemessen am westlichen medizinischen Standard – sind der lebende Beweis, dass die Kraft unseres Unterbewusstseins grundlegende Lektionen für uns bereithält. Andere Menschen zu heilen, ist für mich inzwischen nicht nur eine Mission – es ist auch ein großes Abenteuer.

Egal, ob du im Moment gesund wie ein Ochse bist oder dich eher unwohl fühlst – nimm dir jetzt ein paar Minuten Zeit, um die folgende Übung auszuprobieren:

Stärkung des Immunsystems

Beachte bitte Folgendes: Diese Übung ist nicht als Ersatz für eine medizinische Behandlung gedacht, sie kann jedoch sehr wohl in Verbindung mit Behandlungen, die dir dein Arzt verschreibt, eingesetzt werden.

1. Schließe deine Augen, und stell dir dein Immunsystem auf eine Weise vor, mit der du etwas anfangen kannst. Ich selbst stelle es mir als viele pastellfarbene, quallenartige Geschöpfe vor, was dem tatsächlichen Aussehen dieser schützenden Zellen ziemlich nahe kommt. Vergiss nicht, dir sehr viele dieser Zellen vorzustellen, und sieh, wie stark und entschlossen sie sind.

2. Geh als Nächstes geistig zu dem Körperbereich, der Heilung braucht, und stell dir vor, wie sich das gesundheitliche Problem manifestiert. Du kannst dir die Infektion oder die kranken Zellen als kleine schwarze Kügelchen vorstellen.

3. Stell dir nun vor, wie die großen pastellfarbenen Quallen die kleinen schwarzen Kügelchen umschließen und verschlingen.

4. Vergiss nicht, wenn die kleinen schwarzen Kügelchen verschwunden sind, dir vorzustellen, wie die farbigen Quallen vergnügt umherschwimmen und deinen Blutstrom kontrollieren. Auf diese Weise stellst du sicher, dass du dein Immunsystem nicht überstimulierst.

5. Stell dir nun vor, dass ein gesünderes Abbild von dir direkt vor dir steht oder sitzt. Beobachte, wie dieses gesündere Ich aussieht, atmet, lächelt und so weiter.

6. Tritt zum Schluss in dieses gesündere Ich ein, und sieh durch seine Augen, hör durch seine Ohren, und nimm wahr, wie viel besser du dich fühlst!

Ich bin mir sicher, dass dir inzwischen klar geworden ist, was für ein erstaunliches Potenzial an Gesundheit, Energie und Wohlbefinden in dir schlummert. Kehre so oft du willst zu den Ideen und Übungen dieses Kapitels zurück, um dir dieses Potenzial voll zu erschließen und den einen Eckpfeiler deines Reichtums zu stärken – deinen physischen Körper!

Bis morgen,
Paul McKenna

PS: Morgen schauen wir uns einen weiteren Eckpfeiler deines Wohlstands an. Er ist der Schlüssel zu einem glücklichen und gesunden Leben – die Fähigkeit, aus jeder Gelegenheit Geld zu machen!

Sechster Tag

Wie du dir genügend Einnahmequellen erschließt

Was machen die Millionäre richtig?

Bevor du heute anfängst:

♦ Nimm dir ein paar Minuten Zeit, und wiederhole die Übung »Programmiere dein Selbstbild auf Erfolg« auf Seite 39f.

♦ Schau dir noch mal deinen Lebenszweck, deine Werte und deine Ziele vom vierten Tag an.

♦ Mach die natürliche Entspannungsübung vom fünften Tag, wenn du noch nicht richtig in Schwung bist.

♦ Such dir die Übungen vom zweiten und dritten Tag heraus, die dir am besten gefallen. Versetze dich mit ihrer Hilfe in einen optimalen körperlichen und geistigen Zustand, und nutze sie, um deinen Tag aktiv zu gestalten!

Sechster Tag Genügend Einnahmequellen erschließen

Es gab einmal einen wohlhabenden Mann, der besaß ein wunderschönes Dampfschiff. Wie alle teuren Dinge jedoch, so war auch dieses Schiff nicht davor gefeit, eines Tages anfällig zu werden. Nach einer besonders schwierigen Fahrt in ein fernes Land setzte der Motor aus, und niemand war in der Lage, ihn wieder in Gang zu bringen.

Nacheinander wurden alle Mechaniker und Ingenieure herbeizitiert, um die Maschine zu reparieren, aber keinem von ihnen gelang es. Schließlich hörte der reiche Mann von einem weisen alten Schiffsbauer, der vielleicht in der Lage wäre zu helfen – seine Dienste seien allerdings nicht billig. Der wohlhabende Mann war sofort damit einverstanden, ihn kommen zu lassen.

Es dauerte nicht lange, und ein alter Mann tauchte auf, der aussah, als hätte er sein ganzes Leben lang nichts anderes getan, als Schiffe zu reparieren. Er hatte eine große Kiste mit Werkzeugen dabei und machte sich sofort an die Arbeit. Er inspizierte sorgfältig die vielen Leitungen, die mit dem Schiffsmotor verbunden waren. Ab und zu legte er die Hand auf eines der Rohre, um zu testen, ob es warm war.

Schließlich holte der alte Schiffsbauer einen kleinen Hammer aus seinem Werkzeugkasten. Vorsichtig schlug er gegen ein ganz bestimmtes Rohr. Sofort hörte man, wie der Dampf wieder durch die Leitungen schoss. Der Motor fing stotternd wieder an zu arbeiten, und der Schiffsbauer legte sorgsam seinen Hammer zurück in den Kasten.

Als der reiche Mann den Schiffsbauer fragte, was er ihm

schulde, präsentierte dieser ihm eine Rechnung über zehntausend Pfund – eine königliche Summe in jenen Tagen.

»Was!?«, rief der wohlhabende Besitzer wutentbrannt aus. »Sie haben doch kaum etwas gemacht! Entweder Sie rechtfertigen Ihren Preis auf der Stelle, oder ich lasse Sie ins Gefängnis werfen.«

Der alte Schiffsbauer kritzelte daraufhin etwas auf einen Zettel, den er aus seiner Jacke gezogen hatte. Der wohlhabende Mann lächelte, als er sah, was der Schiffsbauer geschrieben hatte, und entschuldigte sich für sein rohes Benehmen.

Auf dem Zettel stand dies: 1 Pfund für den Schlag mit dem Hammer. 9999 Pfund für das Wissen, welches die richtige Stelle war.

Der Reichtum der Welt

Du gehörst zu den wohlhabendsten Menschen, die jemals gelebt haben.

Nun kenne ich dich natürlich nicht näher, aber dennoch kann ich diese Feststellung mit Gewissheit treffen, weil unsere moderne Kultur so viel reicher ist als jede frühere in der Geschichte der Menschheit. Wenn ich durch die Straßen der Städte laufe, die ich besuche, so erstaunt es mich immer wieder, wie viel Wohlstand in der Welt existiert und wie wenig Menschen sich dessen überhaupt bewusst sind.

> »*Geldmangel ist die Wurzel allen Übels.*«
> GEORGE BERNARD SHAW

Wirklicher Reichtum dreht sich nicht nur ums Geld, sondern zeigt sich in deinem Zugang zu Ressourcen – egal, ob sie dir persönlich gehören oder nicht. Als der indische Guru Swami Muktananda das erste Mal in Amerika war, stand er am Flughafen und sagte:

»Die Menschen hier leben im Paradies, ohne es überhaupt zu wissen.«

Es gibt viele Dinge, die du benutzen kannst, selbst wenn du buchstäblich kein Geld hast: wunderschöne Straßen und Parks, Bibliotheken, mehr Musik, Film, Theater und Sport als jemals zuvor, Schulen für deine Kinder und Krankenhäuser für deinen Körper. Kurzum, Dinge, die vor wenigen Jahrhunderten nur einer ausgewählten Elite zur Verfügung standen, fühlen sich heute geradezu wie ein Geburtsrecht an.

Wirklicher Reichtum bedeutet wahre Gesundheit und wahres Glück im Überfluss. Es bedeutet gute Freunde und Familienangehörige, mit denen du vertraut bist und vergnügliche Erfahrungen teilst – Menschen, mit denen zusammen du lachst und die dich anregen und faszinieren. Du bist dann wirklich reich, wenn du dich die meiste Zeit über glücklich fühlst und weißt, dass du etwas Gutes und Wichtiges zur Welt beiträgst und dein Leben lebenswert ist. Immerhin bist du ein einzigartiges Individuum, niemand tut Dinge auf die gleiche Weise wie du.

Natürlich gehört zum Reichtum auch, dass man Geld hat. Und heute geht es nur um dieses eine Thema – um Geld.

Alles dreht sich ums Geld

Die früheste Form des Handels war der Tauschhandel. Münzen waren die ersten offiziell abgesegneten Schuldscheine, sie repräsentierten den Wert der Dinge. Später kam Papiergeld hinzu. Eine Banknote ist ein Schuldschein der Regierung. Es ist noch nicht lange her, da wurde nur die Menge Geldscheine gedruckt, die durch Goldreserven abgesichert war.

Dennoch entschieden sich 1940 die Regierungen, den so genannten Goldstandard aufzugeben. Seitdem wird Geld in rauen Mengen gedruckt. Die Goldreserven betragen nur noch einen Bruchteil der Papiergeldsumme, die im Umlauf ist. Und selbst das Papiergeld wird mehr und mehr von Kreditkarten und Zahlen in Computern verdrängt.

Geld ist also zuerst einmal ein *Symbol des Wertes* – das heißt, es steht für einen bestimmten Wert, ohne selbst wertvoll zu sein. Warum tun wir immer noch so, als sei unser Geld irgendetwas wert, obwohl es gar nicht mehr durch Gold abgesichert ist?

Es liegt an unserem Vertrauen in die Quelle des Geldes. In unserem Fall ist es die Regierung, die das Geld in Umlauf bringt. Dies führt uns zu einer einfachen, aber dennoch radikalen Sichtweise in Bezug auf Geld:

Geld symbolisiert unser Vertrauen in unser Produkt, in unseren Service und in uns selbst!

Der Autor Serge Kahili King sieht das Ganze folgendermaßen:

»Menschen können auch dann Misserfolg haben, wenn wir das Vertrauen in sie verlieren oder sie sich selbst nicht mehr trauen, und zwar unabhängig vom Wert ihrer Waren und Dienstleistungen. Umgekehrt sind Menschen dann erfolgreich, wenn wir starkes Vertrauen in sie haben oder sie sich selbst uneingeschränkt vertrauen, und zwar ebenfalls unabhängig von ihren Waren und Dienstleistungen ...
Wenn du mehr Geld haben möchtest – entweder für dich selbst oder um anderen zu helfen oder für beide Zwecke –, dann musst du dir in den Augen anderer Menschen mehr Wert verschaffen. Es reicht nicht, wertvolle Waren und Dienstleistungen bereitzustellen oder zur rechten Zeit am rechten Ort zu sein, noch nicht einmal, die richtigen Nummern zu ziehen. Die innere Einstellung ist gefragt. Du musst mehr Vertrauen haben, mehr an dich glauben, an deinen eigenen Wert, und zwar sowohl als Lieferant als auch als Person.«

Und damit sind wir bei der Zauberformel für mehr Geld:

Je mehr Vertrauen wir in uns selbst und/oder unser Produkt oder unseren Service haben, desto mehr können wir dafür verlangen.

Und jetzt wird es wirklich interessant: Wenn Geld eine Sache des Vertrauens ist und Vertrauen eine innere Einstellung, dann hast du bereits alles, was notwendig ist, um all das Geld zu verdienen, das du dir überhaupt vorstellen kannst. Du musst dich nur dazu entschließen, dein Vertrauen wahrzunehmen und umzusetzen!

Wie ich zum Millionär wurde

Bevor ich anfing, die Übungen zu machen, die ich dir in diesem Kapitel vorstellen will, hatte ich Schulden und lebte in einem kleinen Zimmer zur Untermiete. Ich hatte nicht viele Freunde, eine Arbeit, die ich nicht wirklich mochte und meistens Mühe, morgens überhaupt aus dem Bett zu kommen.

Innerhalb weniger Monate drehte sich meine finanzielle Situation um 180 Grad. Ich verdiente in dieser relativ kurzen Zeit mehr Geld als in den vorangegangenen Jahren. Dieses neue Muster in meinem Leben löste eine Kettenreaktion aus, und ich fing an, überall Einkommensmöglichkeiten zu sehen. Ich entwickelte eine erstaunlich erfolgreiche zweite Karriere, die wahrscheinlich der Grund dafür ist, dass du dieses Buch liest. Mein Freundeskreis vergrößerte sich rasant. Heute, fast zwei Jahrzehnte später, bin ich stolz, einige wunderbare Menschen, die ich damals kennen lernte, zu meinen Freunden zählen zu dürfen. Außerdem wurde ich innerhalb weniger Jahre zum Millionär.

Das Faszinierende daran ist, dass ich bis zu diesem Zeitpunkt immer gedacht hatte, dass ich, um Geld zu verdienen, hinaus in die Welt gehen müsste, um es mir von den Menschen zu holen. Nachdem ich mich und meine Wahrnehmung der Welt verändert hatte, begann das Geld stattdessen, in meine Richtung zu fließen. Nach ein paar weiteren Jahren fing ich an, anderen die Prinzipien beizubringen, mit deren Hilfe ich in meinem Leben Überfluss erzeugt hatte, und sehr schnell veränderte sich auch ihr Leben auf positive Weise. Und nun bin ich dabei, dir die gleichen Erfolgsgeheimnisse zu verraten!

> *»Wenn dir jemand eine Million Dollar gibt, solltest du so schnell wie möglich ein Millionär werden, oder du wirst das Geld schon bald wieder los sein.«*
> JIM ROHN

Wie du dein Armutsbewusstsein überwindest

Wissenschaftliche Studien belegen, dass ein Großteil der Menschen, die plötzlich große Geldsummen bekommen, sei es durch Lotteriegewinne oder Erbschaften, dieses Geld fast genauso schnell wieder verlieren. Tatsache ist, dass zwei Jahre später 80 Prozent finanziell sogar schlechter dastehen als vorher.

In der Psychologie wird dieses Phänomen der »Pygmalion-Effekt« oder »selbsterfüllende Prophezeiung« genannt, über die ich bereits gesprochen habe. Was wir glauben, wird zu unserer Realität. Unser Handeln führt zu dem Resultat, das wir erwarten, womit sich die »Prophezeiung« unserer Erwartung bewahrheitet.

> *»Du kannst den Armen nicht dadurch helfen, dass du einer von ihnen bist.«*
> ABRAHAM LINCOLN

Wenn du glaubst, dass du nicht wirklich reich werden kannst, wirst du auch dementsprechend denken und handeln und dir in den meisten Fällen »beweisen«, dass du Recht hast. Wenn du den Spieß umdrehst, indem du deine Erwartungen veränderst und dir dein inneres Potenzial für Reichtum und Wohlstand vor Augen führst, wirst du sehr schnell die Gedanken, Gefühle und Verhaltensweisen entwickeln, die das Geld anziehen.

In unserer Kultur werden wir ständig mit negativen Vorstellungen von Geld konfrontiert. Uns allen wurde erzählt: »In der Bibel steht, Geld ist die Wurzel allen Übels.« Dabei steht dort tatsächlich: »Die *Liebe* zum Geld ist die Wurzel allen Übels.« Das heißt, Geld ist nur dann von Übel, wenn man alles für sich selbst haben will und es einfach nur anhäuft. Oder uns wird erzählt, dass der Reichtum insgesamt begrenzt sei und wir nur mehr für uns haben könnten, wenn andere gleichzeitig weniger bekommen. Wir kennen alle den Spruch: »Alle Reichen sind Betrüger und Diebe.« (Ein unterschwelliges Misstrauen gegenüber wohlhabenden Menschen ist tief in unserer Kultur verwurzelt und kommt auch in Bezeichnungen wie »stinkreich« oder »Geldsack« zum Ausdruck.)

Viele dieser negativen Vorstellungen in Bezug auf Geld haben einen historischen Ursprung. Im Mittelalter konzentrierte das Feudalsystem den Reichtum in den Händen einer privilegierten Minderheit, während den Armen vorgegaukelt wurde, dass ihre Erlösung in der Armut bestünde. Das hierarchische Machtsystem ging von der Annahme aus, dass es nur einen begrenzten Reichtum zu verteilen gebe und dass Wohlstand ein knappes Gut sei. Die Kirche verherrlichte obendrein die Armut, und viele Jahrhunderte lang galt es als eine christliche Tugend, arm zu sein. Mönche mussten ein Armutsgelübde ablegen, wenn sie in einen Orden aufgenommen werden wollten.

Menschen, die im letzten Jahrhundert während der Depression aufgewachsen sind und miterlebt haben, wie im Zweiten Weltkrieg Nahrungsmittel und andere wichtige Güter rationiert wurden, glauben unterschwellig immer noch, dass nicht genug für alle da sei. Und viele haben diese negativen Überzeugungen unbewusst an ihre Kinder weitergegeben.

Wenn du einigen dieser Aussagen über Geld zustimmst, solltest du dir das grundlegende Problem vor Augen führen, vor dem du dann stehst:

Wenn du glaubst, dass Geld in irgendeiner Weise schlecht sei, wirst du unbewusst alle Versuche sabotieren, zu mehr Geld zu kommen.

Mir ist aufgefallen, dass die meisten erfolgreichen und wohlhabenden Menschen die gleichen einfachen Überzeugungen und Gewohnheiten in Bezug auf Wohlstand haben. In ähnlicher Weise benutzen viele Menschen unbewusst das gleiche machtvolle Prinzip, um sich durch ihre Einstellung und ihr Verhalten gegenüber Geld in einem Zustand des Mangels zu halten.

Anstatt die Verantwortung für ihre Überzeugungen und Verhaltensweisen (und damit für ihren Wohlstand) zu übernehmen, benutzen sie den Mangel an Geld als »Beweis« dafür, dass es ihr Schicksal ist, arm zu sein. Sie haben sich so oft in ihrer Armut bestärkt, dass ihr Verhalten unwillentlich zu einer sich selbst erfüllenden Prophezeiung wurde, zu einem Armutsbewusstsein.

Ich will damit natürlich nicht sagen, dass es ausschließlich deine eigene Schuld ist, wenn du nicht viel Geld hast. Wir sind nicht verantwortlich für die Karten, die wir ausgeteilt bekommen haben, aber wir sind voll verantwortlich dafür, welche Karten wir ausspielen.

Künstler sind zum Beispiel häufig der Ansicht, dass sie keinen kommerziellen Erfolg haben können, weil es »ihrer künstlerischen Integrität abträglich« wäre. Andere glauben, dass sie nur dann ein guter Mensch sein können, wenn sie ihre eigenen Wünsche immer hinter denen anderer zurückstellen, selbst wenn es zu ihrem eigenen Schaden ist. Manche Menschen bleiben arm, weil sie sich dadurch sicherer fühlen – es ist einfach das, was sie gewohnt sind.

Wenn du das System benutzt, das ich dir in diesem Buch vorstelle, dann kannst du alle begrenzenden Vorstellungen über Geld hinter dir lassen und deinen Geist so programmieren, dass du wohlhabend wirst und lernst, wie ein Millionär zu denken. Im Folgenden findest du zwei »geistige Gesetze«, die erklären, warum sich die einen Menschen in einem Teufelskreis der Armut verstricken, während andere alles in Gold verwandeln, was sie berühren.

1. Das Gesetz der Verkehrung ins Gegenteil

Eine der wichtigsten Methoden im Bereich der Hypnose nennt sich »Das Gesetz der Verkehrung ins Gegenteil«. Es lässt sich in der einfachen Aussage zusammenfassen:

Was du ablehnst, verstärkst du.

Manche Menschen haben tief verwurzelte Überzeugungen, die sie arm halten. Aus irgendeinem Grund sabotieren sie die Möglichkeit, reich zu werden. So sehr sie sich auch bewusst anstrengen, reich zu werden, ihre unbewussten Glaubenssätze laufen ihren Anstrengungen zuwider und machen letztlich alle noch so positiven Bemühungen zunichte.

Darüber hinaus lehrt uns das Gesetz der Verkehrung ins Gegenteil, dass du ständig Angst vor der Armut hast, wenn du tief im Innern das Bild von dir trägst, arm zu sein. Da du immer mehr davon bekommst, worauf du

> *»Wenn du eine bestimmte Denkstruktur – sei sie positiv oder negativ – immer beibehältst, wird sie über kurz oder lang deinen Charakter und deine Lebensumstände bestimmen. Der Mensch kann sich seine Lebensumstände nicht direkt aussuchen, aber er kann darauf achten, was er denkt, und damit indirekt, aber ebenso effektiv, auf diese Lebensumstände einwirken.«*
> JAMES ALLEN

deine Aufmerksamkeit richtest, ist Armut gewöhnlich genau das, was du erhältst.

Die Ausnahme von diesem Gesetz sind Menschen, welche die Angst vor der Armut antreibt, immer größere Reichtümer anzuhäufen. Ich habe ein paar der reichsten Menschen der Welt kennen gelernt, und einige von ihnen haben sehr wenig davon, was ich wirklichen Reichtum nenne. Es sind Arbeitssüchtige, nur darauf aus, die nächste Million zu machen – auf Kosten von Familie und Freunden. Die Angst vor der Armut treibt sie an, und egal, wie viel Geld sie auch anhäufen, es ist niemals genug.

Die Sorge um geordnete finanzielle Verhältnisse ist offensichtlich etwas anderes als die Furcht, arm und mittellos zu sein. Diese tief verwurzelte Angst vor der Armut lässt Menschen riesige Reichtümer anhäufen, ohne dass sie dadurch jemals aus ihrem Armutsbewusstsein herauskämen.

2. Das Gesetz der Anziehung

Hast du jemals an eine bestimmte Person gedacht, und einen Moment später klingelte das Telefon, und sie war am Apparat? Wie erklärst du dir das? Ist es Telepathie? Zufall? Magnetische Anziehung? Oder du trägst dich mit dem Gedanken, dir ein bestimmtes Auto zu kaufen, und plötzlich siehst du überall nur noch dieses Fabrikat. Wie erklärst du dir das?

Das Gesetz der Anziehung lautet:

Worauf du kontinuierlich deine Aufmerksamkeit richtest, manifestiert sich in deinem Leben.

Sechster Tag Genügend Einnahmequellen erschließen

Wenn du Armut und Mangel deine Aufmerksamkeit schenkst, dann werden mehr Armut und Mangel dein Leben bestimmen. Wenn du dich auf den Reichtum konzentrierst, der bereits vorhanden ist, wird sich mehr von ihm in deinem Leben zeigen. Die Menschen, die sich auf das Positive im Leben konzentrieren und es anziehen, gelten als »glücklich«. Ich persönlich glaube, dass wir uns unser Glück selbst erschaffen können. Das ist damit gemeint, wenn in der Bibel steht: »Wie der Mensch denkt, so ist er.«

Ob du an das Gesetz der Anziehung glaubst oder nicht, interessant ist, dass viele der erfolgreichsten Menschen es tun. Es gibt einen Grund, warum reiche Menschen sich mit anderen reichen Menschen umgeben und warum sie immer reicher werden. Deine Gedanken sind eine kraftvolle und kreative Energie.

Manche Menschen glauben, dass das Bewusstsein wie ein Magnet funktioniert, der das anzieht, was wir die ganze Zeit

---

Als er nach dem Geheimnis von großem Reichtum gefragt wurde, antwortete der Milliardär H. L. Hunt mit einer einfachen Formel:

1. *Mach dir klar, was du wirklich willst.*

2. *Entscheide dich, was du bereit bist dafür aufzugeben.*

3. *Setze entsprechende Prioritäten in deinem Leben.*

4. *Handle gemäß diesen Prioritäten, und lass dich von nichts ablenken!*

über denken. In der Musik heißt dieses Prinzip »sympathische Resonanz«. Wenn zwei Klaviere im gleichen Raum stehen und du auf einem das C anschlägst, dann schwingt bei dem anderen die C-Saite mit. In ähnlicher Weise ziehst du Menschen und Umstände an, die mit deinen vorherrschenden Gedanken in Resonanz sind. Wäre es nicht eine gute Sache, dein Bewusstsein so einzustellen, dass es die Gelegenheiten erkennt, die sich dir bieten, um wohlhabender zu werden? Wenn du reich werden und reich bleiben willst, solltest du damit beginnen, dich für jemanden zu halten, der großen Reichtum verdient. Zuerst musst du dich innerlich reich fühlen, damit sich dieser Reichtum auch äußerlich manifestieren kann. Wenn du anfängst, dich wirklich als eine wohlhabende Person zu betrachten, dann wirst du sehen, wie sich deine finanzielle Situation immer mehr verbessert.

Wie du dir ein Wohlstandsbewusstsein schaffst

> *»Du siehst Dinge und fragst ›Warum?‹, doch ich träume von Dingen und sage ›Warum nicht?‹«*
> GEORGE BERNARD SHAW

Was wir als Nächstes tun werden, wird dir dabei helfen, in deinem Geist ein Bewusstsein von Reichtum zu installieren. Es geht dabei um viel mehr, als nur Geld anzuziehen. Dein ganzes Selbstbild wird sich in Richtung größeres Vertrauen und größere Harmonie verändern. Du wirst anfangen, den Überfluss wahrzunehmen, der dich umgibt, und er wird dein Lebensgefühl positiv bestärken.

Ich möchte dich nun mit den Methoden vertraut machen, die ich benutzt habe, um meinen eigenen finanziellen Wohlstand drastisch zu verbessern. Ich habe sie anderen Menschen vermittelt, und auch sie erhöhten ihren finanziellen Wohlstand. Nun möchte ich dir diese Methoden gern vorstellen.

Denke wie ein Millionär

Bevor ich mich entschied, mich vom Armutsbewusstsein zu verabschieden und stattdessen die Vorstellung von Reichtum und Wohlstand in mein Denken zu lassen, machte ich mir ständig Gedanken darüber, wie wenig Geld ich hatte und wie ich an mehr Geld kommen könnte. Ich hatte ein kleines abgegriffenes Scheckbuch, das damals Ausdruck meiner kleinen abgegriffenen Finanzen war. Wenn mit der Post eine Rechnung kam, machte ich mir Gedanken, womit ich sie bezahlen sollte. Ich fühlte mich arm. Der kontinuierliche Fokus auf »nicht genug Geld« hielt mich im Armutsbewusstsein gefangen und ließ mir nicht viel Spielraum bei meinen Entscheidungen.

Sobald ich die Entscheidung getroffen hatte, stattdessen Reichtum und Wohlstand zu affirmieren, öffnete ich meine Rechnungen und stellte mir dabei lebhaft vor, dass ich Tausende auf dem Konto hatte, viel mehr als ich brauchte, um die Rechnungen zu bezahlen. Du kannst dir sicherlich vorstellen, wie gut sich das anfühlte. Ich sandte eine neue Botschaft an mein Unterbewusstsein. Manche Menschen versuchen die gleiche Wirkung zu erzielen, indem sie Affirmationen sprechen wie »ich bin wohlhabend, ich bin wohlhabend, ich bin wohlhabend«, aber wenn sie unbewusst von ihrer Armut überzeugt sind, nützen die besten Affirmationen nichts. Es reicht nicht, den Kopf einfach in den Sand zu stecken und so zu tun als ob – du musst schon wirklich das Gefühl von Reichtum erzeugen, indem du dir immer wieder lebhaft vorstellst, wie reich und wohlhabend du bist.

Natürlich musst du deine Rechnungen trotzdem bezahlen, aber indem du in dir ein Gefühl des Reichtums erzeugst, wird dir alles mehr Spaß machen, und immer mehr Überfluss wird sich in deinem Leben manifestieren.

Der Geist ist sensibel und einfühlsam, und daher ist es wichtig, dir selbst zu signalisieren, dass »positive Veränderungen geschehen«. Ich wechselte die Bank und besorgte mir ein neues sauberes Scheckbuch, das mir dabei helfen sollte, mich anders zu fühlen. Und dann fing das wirkliche Vergnügen an.

Ich brauchte eine konkrete Vorstellung davon, was größerer Reichtum für mich bedeutete, und so nahm ich mir einen alten Kontoauszug vor, schnitt ihn auseinander, veränderte die Zahlen und klebte alles wieder so zusammen, dass ich einen großen Geldbetrag im Haben hatte. Sobald ich damit fertig war, musste ich total lachen. Obwohl ich wusste, dass alles frei erfunden war, fühlte sich das Ganze doch realistisch an, da ich tatsächlich etwas in den Händen hielt. Jeden Tag schenkte ich diesem selbst gemachten Kontoauszug mehrmals meine Aufmerksamkeit.

Als weitere Methode stellte ich so lange Schecks und Zahlungsanweisungen über Hunderttausende von Euro aus, bis ich kein komisches Gefühl mehr dabei hatte. Als ich mich schließlich richtig wohl dabei fühlte, mit solchen großen Sum-

Sechster Tag Genügend Einnahmequellen erschließen

men zu jonglieren, fiel es mir leicht, mich als reiche Person zu empfinden.

Zu meiner Überraschung wurde der imaginäre Betrag auf meinem Konto bereits nach wenigen Monaten Realität. Der Kontoauszug hatte als anfassbares Stück Papier tatsächlich geholfen. Also suchte ich nach weiteren Möglichkeiten, um mein neues Wohlstandsbewusstsein greifbar zu machen.

Ich beschloss, ein Sammelalbum anzulegen mit Bildern von Dingen, Orten und Menschen, die ich haben, besuchen oder treffen wollte. Wenn du dir dein eigenes »Wohlstandsalbum« anlegen möchtest, fang am besten gleich damit an, die entsprechenden Bilder zu sammeln. Klebe all das in dein Album, was du gern in deinem Leben verwirklicht sehen möchtest.

Jedes Mal, wenn du dir dein Album ansiehst, solltest du dir deine Ziele so realistisch wie möglich mit allen Sinnen vorstellen. Wenn du ein bestimmtes Auto haben möchtest, mach eine Probefahrt, sodass du dir hinterher immer wieder lebhaft vorstellen kannst, wie du diesen Wagen fährst. Wenn ein schönes Haus auf deiner Wunschliste steht, kannst du dir vorstellen, wie du so lange in ihm herumspazierst, bis du jeden Fleck kennst – das Gefühl des Teppichs, der Geruch im Flur, die Anordnung der Möbel und so weiter. Es ist sehr einfach, bedarf aber der kontinuierlichen Übung. Du probst schon mal, reich zu sein, und wie ein normaler Schauspieler musst du dich voll und ganz auf deine Rolle einlassen.

Eines Tages ging ich in einen Ausstellungsraum von Mercedes und setzte mich in ein Auto, um es mir bequem zu machen. Ich roch das Leder, machte eine Probefahrt und stellte mir vor, dass es mir gehörte. Ich nahm eine Werbebroschüre mit, um sie in mein Sammelalbum zu tun und stellte mir vor, dass ich dieses Auto jeden Tag fuhr. Es dauerte nicht lange, und ich war so darauf fokussiert, mir einen Mercedes anzuschaffen, dass ich anfing, überall nur noch dieses Auto zu sehen. Kaum hatte ich mich versehen, wurde mir scheinbar zufällig ein Wagen angeboten, und so kaufte ich meinen ersten Mercedes.

Ein Freund von mir war ein wahrer Meister in diesem kreativen Visualisieren. Er visualisierte immer einen Parkplatz für sein Auto und erstaunlicherweise funktionierte es. Also entschied er sich dafür, sich größere Ziele zu setzen.

Obwohl er noch nie außerhalb Englands gewesen war, hatte er Lust, die Welt auf stilvolle Weise zu bereisen. Er hatte zwar nicht sehr viel Geld, aber er sammelte Reisebroschüren, schnitt Bilder von allen exotischen Orten aus, die er besuchen wollte und steckte sie in sein Sammelalbum. Um das Ganze für sich so real wie möglich zu machen, packte er einen Monat lang jeden Sonntag seinen Koffer und ging mit ihm zum Flughafen. Er reihte sich sogar in die Schlange vor dem Abfertigungsschalter ein, bis er schließlich doch umkehrte und nach Hause ging.

Als er wieder zu Hause war, schaute er sich ein Video über das Fliegen erster Klasse an und betrachtete in seinem Album all die Orte, deren Bilder er gesammelt hatte. So gab er seinem Unterbewusstsein die Erfahrung, zu exotischen Plätzen zu reisen und dort den Aufenthalt zu genießen. Er tat dies einen Monat lang, ohne auch nur einen Tag auszusetzen.

Eines Tages wurde er ohne Vorankündigung in das Büro seines Chefs gerufen und gefragt, ob er nicht Lust habe, als internationaler Reporter zu arbeiten. Sein Chef wies ihn darauf hin, dass er dafür die ganze Welt bereisen müsse – und zwar erster Klasse. Mein Freund konnte es kaum glauben!

Das Erstaunlichste aber geschah, als er nach wenigen Monaten des Reisens in einem kleinen Dorf in der Schweiz gelandet war, das ihm irgendwie bekannt vorkam. Aber erst als er wieder zurück in England war und sein Sammelalbum aufschlug, wurde es ihm klar. Er war genau in dem Dorf gewesen, von dem er Bilder ausgeschnitten und in sein Album – und damit in sein Unterbewusstsein – getan hatte!

So außergewöhnlich es auch erscheinen mag, ich habe viele solcher Geschichten erlebt, sodass ich nicht mehr recht an »Zufälle« glauben mag. Obwohl ich nicht weiß, wie das Ganze tatsächlich funktioniert – unser Bewusstsein scheint offensichtlich die Fähigkeit zu haben, bestimmte Ereignisse, Dinge oder Menschen anzuziehen.

Geld, Glück und dein innerer Zustand

Bevor wir weitergehen, möchte ich dir eine Frage stellen:

Was hättest du mit mehr Geld, was du nicht jetzt schon hast?

Wann immer ich diese Frage in meinen Seminaren stelle, antworten die Teilnehmer mit »Glück«, »Freiheit«, »Sicherheit« oder »Macht«. Dennoch ist Geld nicht das Mittel, um diese Dinge zu bekommen. Jeder einzelne Begriff repräsentiert einen Zustand, den du in dir erzeugen kannst, eine neuro-che-

> *»Alles Geld der Welt wird ausgegeben, um sich gut zu fühlen.«*
> RY COODER

mische Erfahrung in deinem Körper und deinem Geist. Denn eines ist doch wohl klar: Wenn Geld tatsächlich der Schlüssel für Glück, Freiheit, Sicherheit und Macht wäre, dann wären Menschen wie Kurt Cobain, Elvis Presley, Marilyn Monroe und John Belushi heute noch unter uns. In Bezug auf das Gesetz der Verkehrung ins Gegenteil bedeutet dies:

Wenn du etwas haben möchtest, um dich in einer bestimmten Weise zu fühlen, dann bekommst du es am schnellsten dadurch, dass du dich schon jetzt so fühlst.

Mach die folgende Übung, um dieses Prinzip in die Tat umzusetzen und finanziellen Überfluss in dein Leben zu lassen!

Verankere dich in Reichtum und Wohlstand

1. Liste all die Zustände und Gefühle auf, die deiner Meinung nach von Geld abhängig sind. *Beispiele:* Selbstvertrauen, Glück, innerer Frieden, Großzügigkeit usw.

2. Nimm dir den ersten Zustand auf deiner Liste vor. Erinnere dich an eine Zeit, in der du dich wirklich so gefühlt hast. Lass dich jetzt voll auf die Situation ein – nimm wahr, was du gesehen und gehört hast, und fühle, wie gut es dir ging. (Wenn du dich nicht an eine bestimmte Situation erinnern kannst, dann stell dir vor, wie viel

Sechster Tag Genügend Einnahmequellen erschließen

> besser es dir jetzt ginge, wenn du auf diese Weise fühlen würdest.)
> 3. Lass die Erinnerung voll gegenwärtig werden. Mach die Farben klarer und kräftiger, die Klänge und Geräusche lauter und die Gefühle stärker.
> 4. Während du diese guten Gefühle hast, drück Daumen und Mittelfinger einer Hand zusammen, und sprich laut oder in Gedanken: »Ich bin reich und wohlhabend.«
> 5. Wiederhole die Schritte 2 bis 4 mit jedem emotionalen Zustand auf deiner Liste. Schon bald wird es reichen, dass du Daumen und Mittelfinger zusammendrückst und die Worte »ich bin reich und wohlhabend« sprichst, und all die guten Gefühle, die du mit Reichtum und Wohlstand verbindest, stellen sich ein.
>
> Dies ist deine »Verankerung in Reichtum und Wohlstand«. Mach diese Übung immer dann, wenn du glaubst, dass du mehr Geld brauchst, um erfolgreich zu sein und dir deine Wünsche zu erfüllen.

Erfolg, Geld und Zeit

Ein weiterer fundamentaler Aspekt der geistigen Einstellung eines Millionärs besteht darin, dass du deine Fähigkeit Geld zu machen von dem dafür notwendigen Zeiteinsatz trennen kannst. Ein Eckpfeiler des Armutsbewusstseins besteht darin, deine Zeit gegen Geld einzutauschen. Aus diesem Grund wirst du auch niemals einen Millionär finden, der für einen Stundenlohn arbeitet!

Wenn du großen finanziellen Überfluss in deinem Leben erzeugen willst, so musst du dir zuerst einmal klar machen, dass Geld zu verdienen untrennbar mit deiner Fähigkeit verknüpft ist, für eine Person, ein Projekt, eine Firma oder eine Unternehmung tatsächlichen Wert zu schaffen. Ich möchte es sogar noch deutlicher ausdrücken:

Geld ist eine der möglichen Belohnungen dafür, dass du im Leben anderer Menschen einen Wert schaffst.

Vier Dinge sind wichtig, um dadurch mehr Geld zu verdienen, dass du einen größeren Wert schaffst:

1. Einzigartigkeit
Je einzigartiger der Wert ist, den du anbietest, desto mehr wirst du im Austausch bekommen. Obwohl es beispielsweise zehntausend Schauspieler in Hollywood gibt, sind nur immer ungefähr sechs von ihnen vorausschaubar in der Lage, die Kinosäle zu füllen – egal, in welchem Film sie spielen. Deshalb gibt es nur ungefähr sechs Schauspieler und Schauspielerinnen auf der Welt, die pro Film 20 Millionen Euro verdienen.

2. Reichweite
Je mehr Menschen du einen zusätzlichen Wert anbietest, desto mehr Geld kannst du verdienen. Was auch immer du von

Bill Gates und Microsoft halten magst, seine Milliardengewinne sind hauptsächlich darauf zurückzuführen, dass er mit der Entwicklung von Windows täglich das Leben von Millionen von Menschen beeinflusst.

3. Wirkung

Je stärker die Wirkung, die du auf das Leben anderer Menschen hast, desto mehr kannst du im Gegenzug verlangen. Warum verdienen Ärzte in der Regel mehr Geld als Lehrer? Weil den meisten Menschen ihre Gesundheit mehr wert ist als ihre Bildung.

4. Wahrnehmung

Es wird viel über Menschen erzählt, die unauffällig und unermüdlich hinter den Kulissen arbeiten, um die Welt auf positive Weise zu verändern. Obwohl es tatsächlich so sein kann, dass diese unbesungenen Helden der wahre Grund dafür sind, dass die Welt so gut funktioniert, wie sie es tut – es bedeutet jedoch noch lange nicht, dass diese Menschen auch dazu auserwählt sind, reich zu werden. Unabhängig davon, wie viel Wert du für die Allgemeinheit schaffst, nur wenn dieser Wert auch *wahrgenommen* wird, kann er sich in bare Münze verwandeln.

Anfang der 1970er Jahre gab es in England eine Plattenfirma, die Schallplatten von Coverversionen zeitgenössischer Songs verkaufte. Obwohl die Platten weniger als 2 Euro kosteten, blieben sie in den Regalen liegen, und die Plattenfirma krebste vor sich hin.

Dann tauchte irgend so ein Wunderknabe in der Geschäftsführung auf und verdoppelte den Preis pro Schallplatte. Die anderen leitenden Angestellten waren schockiert, stimmten seinem Plan aber schließlich zu. Innerhalb von wenigen Wochen gingen die Platten weg wie warme Semmeln. Als sie kaum etwas kosteten, wurden sie von den potenziellen Käufern auch nicht wertgeschätzt. Die Plattenfirma wurde dadurch gerettet, dass sie den Wert ihrer Produkte in der Wahrnehmung ihrer Kunden neu definierte.

Einfach ausgedrückt sieht es doch so aus: Wenn du gutes Geld machen willst, musst du der Welt etwas geben, für das dich die Menschen bezahlen – und wenn es geht nicht zu knapp. Vielleicht hilft es dir, wenn du dir immer wieder die folgende, auf Reichtum und Wohlstand ausgerichtete Frage stellst:

Welche einzigartige Ware oder Dienstleistung möchte ich anbieten, die für die Allgemeinheit von großem Nutzen ist?

Führe genau Buch über dein Geld

Es wurde schon oft darauf hingewiesen, dass es in Bezug auf Geld darauf ankommt, genau Buch zu führen.

Wenn du nun jemand bist, der es mit dem Geld nicht so genau nimmt und seinen eigenen Kontostand nicht kennt, magst du dich zunächst ein wenig unwohl bei dieser Vorstellung fühlen. Wenn du jedoch über deine Finanzen Bescheid weißt, wird es möglich, deinen Fortschritt zu messen.

Wie es Michael LeBoeuf in seinem Buch *Das oberste Erfolgsprinzip* schreibt:

Erfolg muss messbar sein.

Alles, was du brauchst, ist ein Blatt Papier, ein Taschenrechner und sehr wahrscheinlich ein gutes Stück Humor!

Wohlstandsmaßstab Nummer 1: **Dein Nettowert**
Der Nettowert ist der traditionelle Maßstab für Wohlstand. Er wird errechnet, indem du all deine Aktiva auf der einen Seite zusammenzählst und all deine Passiva auf der anderen.

Unterteile das Blatt Papier in zwei Spalten. Über die linke schreibst du »Aktiva« und über die rechte »Passiva«. In der Aktiva-Spalte listest du nun alles auf, was du besitzt und was es ungefähr wert ist, wenn du es heute verkaufen würdest.

In der Passiva-Spalte steht all das, wofür du noch Geld schuldest, zum Beispiel dein Haus, dein Auto, Kreditkartenschulden oder andere noch nicht getilgte Kredite.

Die Formel, um den Nettowert zu bestimmen, ist einfach:

Summe der Aktiva − Summe der Passiva = Nettowert

Sei nicht enttäuscht, wenn sich herausstellen sollte, dass du einen negativen Nettowert hast. Um in Zukunft reich und wohlhabend zu sein, musst du genau dort anfangen, wo du dich gegenwärtig befindest.

Hier ist ein einfaches Beispiel, wie das Ganze aussehen kann:

Aktiva		Passiva	
Haus	150.000 Euro	Hypothek	100.000 Euro
Auto	10.000 Euro	Autokredit	3.000 Euro
Zinsfreie Geldanlagen	35.000 Euro	Ausbildungskredit	15.000 Euro
Geld, das andere mir schulden	3.500 Euro	Ausstehende Rechnungen	2.500 Euro
Rückkaufswert Lebensversicherung	15.000 Euro	Kreditkartenschulden	4.500 Euro
Gesamtsumme Aktiva	**213.500 Euro**	***Gesamtsumme Passiva***	**125.000 Euro**

Nettowert = 88.500 Euro
(Gesamtsumme Aktiva minus Gesamtsumme Passiva)

Wohlstandsmaßstab Nummer 2: **Die Anzahl der Tage, die du ab heute leben könntest, ohne zusätzlich Geld zu verdienen**
Um diese »Vermögenspunktzahl« auszurechnen, brauchst du nur deinen monatlichen Durchschnittsverdienst zu nehmen und ihn durch 30 zu teilen. Lass uns das Ergebnis deinen »Tagesbedarf« nennen. Teile dann deinen Nettowert durch den Tagesbedarf. Das Ergebnis ist die Anzahl von Tagen, die du le-

ben könntest, ohne zusätzlich Geld zu verdienen. Während dein Einkommen, deine Ersparnisse und Investitionen weiter wachsen, kannst du dadurch »Buch führen«, dass du zählst, um wie viele Tage sich deine Vermögenspunktzahl über einen bestimmten Zeitraum erhöht hat.

Beispiel: Du hast einen Nettowert von 100 000 Euro und monatliche Ausgaben von 5000 Euro. 5000 geteilt durch 30 ist 166,66 oder der Einfachheit halber 167 Euro. Dies ist dein Tagesbedarf. 100 000 geteilt durch 167 ist aufgerundet 599 Euro. Dies bedeutet, dass du deinen gegenwärtigen Lebensstandard ohne zusätzlichen Verdienst weitere 599 Tage (also ungefähr anderthalb Jahre) aufrechterhalten könntest.

Wohlstandsmaßstab Nummer 3: **Der Geldbetrag, den du verlieren kannst, ohne dir Sorgen machen zu müssen**
Dieser Maßstab ist subjektiver und leichter zu berechnen.

Beispiel: Vor zwanzig Jahren verlor ich einmal den Gegenwert von etwa 10 Euro, was für mich damals eine ziemliche Katastrophe war. Heute mache ich mir keine Gedanken, wenn ich Geld unter 500 Euro verliere. Bezogen auf diese Skala hat sich mein Reichtum von 10 auf 500 erhöht. Teilweise hat das damit zu tun, dass ich mehr Geld verdiene, teilweise jedoch auch, dass ich heute mehr Vertrauen in meine Fähigkeit habe, mehr Einkommen zu regenerieren. Und zum Teil liegt es auch daran, dass ich gelernt habe, ruhig und entspannt zu bleiben. Dieser Punkt ist einer meiner Lieblingsmaßstäbe für Reichtum und Wohlstand, weil man ihn erhöhen kann, ohne gleichzeitig mehr Geld verdienen zu müssen.

Wohlstandsmaßstab Nummer 4: **Die magische Zahl für finanzielle Unabhängigkeit**

Dies ist eine der nützlichsten Geldformeln, die es gibt. Sie hilft dir, deine »magische Zahl« für finanzielle Unabhängigkeit zu errechnen. Es handelt sich dabei um den Geldbetrag, der es dir – wenn du ihn zu einem durchschnittlichen Zinssatz von 6 bis 8 Prozent anlegst – erlauben würde, Entscheidungen zu treffen, ohne vorher aufs Geld schauen zu müssen.

1. Erstelle eine Liste der Dinge, die du dir einmal im Leben leisten können willst, sowie ihren geschätzten Preis.

   Beispiel: Haus – 250 000 Euro; Auto – 50 000 Euro; Luxuriöser Urlaub – 5000 Euro; Universitätsausbildung – 150 000 Euro; Verschiedene Vergnügungen – 45 000 Euro

2. Rechne alle Ausgaben zusammen – die Summe ergibt die Zahl A.

   Beispiel: In obigem Beispiel würden 500 000 Euro gut tun!

3. Lege ein angenehmes »jährliches Einkommen auf Lebenszeit« fest. (Wenn du nicht weißt, wie du das anstellen sollst, verdopple einfach dein gegenwärtiges Einkommen!)

   Beispiel: Wenn du gegenwärtig 40 000 Euro im Jahr verdienst, dann würden 80 000 pro Jahr auf Lebenszeit wahrscheinlich all deine Bedürfnisse und Wünsche abdecken.

4. Multipliziere das Einkommen mit 12 (bei ungefähr 8 Prozent Zinsen) oder mit 15 (bei ungefähr 6 Prozent). Dies ergibt die Zahl, die du investieren müsstest, um bei einem

eher konservativen Zinssatz dein jährliches Einkommen auf Lebenszeit zu »verdienen«. Die Summe ergibt die Zahl B.

Beispiel: Zwischen 960 000 und 1 200 000 Euro.

5. Zahl A + Zahl B = deine magische Zahl, also der Geldbetrag, den du auf der Bank haben musst, um vollständig finanziell unabhängig zu sein – das heißt fähig zu sein, all deine Entscheidungen losgelöst von finanziellen Erwägungen treffen zu können.

Beispiel: 500 000 (A) + 1 200 000 (B) = 1,7 Millionen Euro = magische Zahl für finanzielle Unabhängigkeit

Die zehn Geheimnisse des Überflusses

Hier sind die zehn besten Vorschläge, die ich dir machen kann, um deine »Vermögenspunktzahl« noch heute zu erhöhen. Sie werden einen direkten Einfluss auf dein Wohlstandsbewusstsein haben, und wenn du sie immer mehr im Alltag umsetzt, bist du auf dem richtigen Weg zu einem Leben im Überfluss mit der geistigen Haltung eines Millionärs...

1. Übernimm ab sofort die Verantwortung für deinen finanziellen Überfluss

Die meisten Menschen haben Angst davor, Verantwortung für ein großes Vermögen zu übernehmen. Es stimmt zwar, dass der Druck zunimmt, wenn du mit mehr Geld zu tun hast, aber die meisten verstehen dabei nicht, dass diese größere Verantwortung genau das ist, was Spaß macht!

Wenn du die Verantwortung akzeptierst, die damit einhergeht, dass du in Bezug auf Geld auf einer höheren Ebene mitmischst, wächst dein persönlicher Handlungsspielraum. Je größer die Herausforderung, desto größer auch die Belohnung, und zwar nicht nur finanziell, sondern auch emotional und spirituell. Und du wirst sehen: Wenn du die volle Verantwortung für deinen finanziellen Erfolg übernimmst, wird alles immer weniger überwältigend und immer mehr zu dem Vergnügen, welches das Reichwerden eigentlich darstellt.

> *»Der Unterschied zwischen armen und reichen Menschen ist leicht erklärt. Die Armen geben ihr Geld aus und sparen das, was übrig bleibt. Die Reichen sparen ihr Geld und geben das aus, was sie übrig haben.«*
> JIM ROHN

2. Spar dein Geld, und gib nur so viel aus, wie du dir wirklich leisten kannst

So wie das wirkliche »Geheimnis« der Gewichtsabnahme darin besteht, weniger zu essen und sich mehr zu bewegen, so besteht auch das wirkliche »Geheimnis« für einen erfolgreichen Vermögensaufbau darin, weniger auszugeben und mehr zu verdienen. Mach noch heute einen Plan, wie du deine Schulden zurückzahlen und so schnell wie möglich finanzielle Rücklagen aufbauen kannst (siehe Punkt 4!).

Am besten du nimmst 10 Prozent deines Monatseinkommens, um damit Schulden zurückzuzahlen und/oder ein Sparguthaben aufzubauen. Wenn du tatsächliche Schritte unternimmst, um Monat für Monat deine Schulden zu reduzieren und deinen Nettowert zu erhöhen, legst du das Fundament für deinen Vermögensaufbau und hörst auf, immer nur »den Kopf über Wasser zu halten«.

3. Lerne von wohlhabenden Menschen

Am schnellsten wirst du reich, wenn du Zeit mit Menschen verbringst, die bereits vermögend sind. Denk daran, dass wahrer Reichtum mehr bedeutet als finanzieller Überfluss, denn viele Menschen wurden Millionäre, nur um hinterher festzustellen, dass sie auf dem Weg dorthin etwas viel Wichtigeres verloren haben – nämlich den Respekt vor sich selbst.

Nimm dir Zeit, und finde heraus, wer deine Vorbilder in Sachen Reichtum und Wohlstand sind – jene Personen, die es geschafft haben, großen finanziellen Überfluss zu erzeugen, ohne dass dabei ihre Bedürfnisse und Wünsche auf der Strecke geblieben sind. Finde heraus, was sie getan haben und was du nicht tust. Versuche zu verstehen, wie sie in Bezug auf Geld und Vermögen denken und sich verhalten. Falls es möglich ist, nimm Kontakt mit ihnen auf, und bitte sie um Rat. Wenn du andere Menschen fragst, werden sie nicht nur auf dich aufmerksam, sondern sie wissen dann auch, dass du wirklich entschlossen bist, reich und wohlhabend zu werden. Obwohl dir nicht alle ihre Hilfe anbieten werden, so ist es doch meine Erfahrung, dass viele wohlhabende Menschen dankbar für die Gelegenheit sind, dir helfen zu können, solange du dich ihnen gegenüber höflich und respektvoll verhältst.

> »Wenn du mehr über Geld in Erfahrung bringen willst, solltest du von jemandem lernen, der viel davon hat.«
> CHARLES GIVENS

4. Schaffe dir einen finanziellen Rückhalt

Je mehr Geld du auf dem Konto hast, desto mehr kannst du es dir leisten, mit neuen Einkommensmöglichkeiten zu experimentieren. Aus diesem Grund besteht die wichtigste Investition, die du tätigen kannst, darin, dir einen finanziellen Rückhalt zu schaffen – ein Sparkonto, von dessen Betrag du zwischen drei Monaten und zwei Jahren leben könntest.

Dr. Richard Carlson erzählt in seinem Buch *Don't Worry, Make Money* die Geschichte zweier Männer, denen in den 1970er Jahren der gleiche Job bei einer neuen Firma angeboten wurde. Das Gehalt war sehr gering, aber dafür gab es ein großes Aktienpaket. Für den einen Mann, der finanziell gerade so eben über die Runden kam, war das Angebot zu riskant, und er lehnte ab. Der andere, der finanziellen Rückhalt hatte, nahm den Job an. Bei der Firma handelte es sich um Microsoft, und der Rest der Geschichte erübrigt sich eigentlich. Innerhalb weniger Jahre hatte der Mann, der das Risiko eingegangen war, ein riesiges Vermögen verdient.

Die Moral von der Geschichte lautet, dass ein Vermögensaufbau in den meisten Fällen mit einem gewissen Risiko verbunden ist, und nichts macht ein Risiko eher tragbar als genügend Geld auf dem Konto. Wie Stuart Wilde sagt: »Der Trick mit dem Geld besteht darin, welches zu haben.«

5. Die 80/20 Regel

Sobald du weißt, was du wirklich willst, kannst du in deinem Leben entsprechende Prioritäten setzen. Der im 19. Jahrhundert lebende Ökonom Wilfrido Pareto hat als Erster darauf hingewiesen, dass ungefähr 80 Prozent des globalen Reichtums sich in den Händen von nur 20 Prozent der Weltbevölkerung befinden.

Die 80/20 Regel trifft auf die meisten Lebensbereiche zu – 80 Prozent deines Erfolgs stammen in der Regel von 20 Prozent deiner Bemühungen; 80 Prozent deines Vermögens stammen von 20 Prozent deiner Klienten oder Kunden. Indem wir uns auf diese wichtigen 20 Prozent konzentrieren, können wir unsere Prioritäten immer wieder neu mit größerer Treffsicherheit bestimmen.

6. Tue jeden Tag etwas aus Leidenschaft

Als ich vor Jahren anfing, mich für Hypnose zu interessieren, lernte ich viel von einem alten Bühnenkünstler, der im Hauptberuf Verkäufer war. Es war nicht nur einfach sein Job, es war seine Leidenschaft. Man konnte nie länger mit ihm zusammen sein, ohne dass er irgendwem irgendetwas verkaufte. Wenn man mit ihm zum Beispiel im Restaurant war, fing er ein Gespräch mit der Person am Nachbartisch an. Es dauerte nicht lange, und er wusste, was diese Person sich wünschte, und er bot ihr sofort an, es ihr zu beschaffen. Meistens hatte er das, was er gerade verkauft hatte, noch nicht einmal. Er musste es erst selbst besorgen, um in der Lage zu sein, es auch an die Person zu liefern, die es gerade von ihm gekauft hatte. Er liebte es einfach, andere Menschen zu überzeugen.

Als ich ihn nach seinem Erfolgsrezept fragte, meinte er:

»Begeisterung und Leidenschaft sind ansteckend. Wenn du etwas wirklich mit Begeisterung und Leidenschaft angehst, fühlen sich andere Menschen zu dir hingezogen.«

7. Verlange den Preis, den du wirklich wert bist

Manche Menschen haben Angst davor, den Preis zu verlangen, den sie wirklich wert sind, weil sie Angst haben, dadurch ihre Kunden oder Klienten zu verlieren. Ich kann jedoch aus eigener Erfahrung sagen, dass ich immer dann, wenn ich mein Honorar erhöhe, mehr Menschen angezogen und bessere Klienten gefunden habe. Ich verlor in der Regel nur die Leute, mit denen das Arbeiten sowieso nicht viel Spaß gemacht hatte.

Hier ist eine einfache Formel, um herauszufinden, was deine Zeit wert ist – egal, wie viel oder wie wenig du verdienen magst:

1. Schreibe den Betrag auf, den du in diesem Jahr verdienen willst.

2. Lösche die letzten drei Zahlen, oder kreuze sie durch.

3. Teile den Betrag durch 2. Diese Zahl besagt, wie viel eine Stunde deiner Zeit wert ist, basierend auf einer durchschnittlichen Arbeitswoche.

Beispiel: Jährlicher Verdienst = 30 000 Euro. Ohne die letzten drei Ziffern = 30; geteilt durch 2 = 15 Euro. Dein Stundenlohn beträgt also 15 Euro.

Stell dir für heute einfach vor, dass sich dein Stundenlohn verdoppelt hat. Wenn du doppelt so viel für das bekämst, was du tust, was würdest du dann anders machen?

Wenn du den Preis nehmen willst, den du wirklich wert bist, solltest du dich heute schon anders verhalten.

8. Praktiziere regelmäßig die Übungen in diesem Buch

Fast allen Menschen bieten sich täglich Gelegenheiten, zu mehr Geld zu kommen, aber die meisten bemerken es nicht einmal. Indem du die von mir empfohlenen Übungen machst, schaffst du die besten Voraussetzungen für einen erfolgreichen Vermögensaufbau. Nur sehr wenige Multimillionäre werden durch Zufall reich. Finanzieller Erfolg hängt ganz einfach davon ab, dass du dich auf Reichtum und Wohlstand konzentrierst und kontinuierlich so handelst, dass dein Verhalten auch zum Überfluss führen kann.

Nimm dir jeden Tag etwas Zeit, und spaziere herum, als hättest du bereits alles, was du dir wünschst. Schaffe dir eine sinnliche Erfahrung dessen, was du willst, sodass dein Unterbewusstsein eine klare Vorstellung bekommt. Stell dir Fragen, die dich in Schwung bringen. Leg ein Wohlstands-Sammelalbum an, und stell dir vor, wie es ist, das Leben deiner Träume zu führen. Nimm wahr, was du siehst, hörst und fühlst. Mach dies jeden Tag, sooft du kannst.

Du erhältst nicht schlagartig die gewünschten Ergebnisse, aber du ziehst auf die eine oder andere Weise das an, womit du dich am meisten beschäftigst. Mach täglich deine Lieblingsübungen, um dich voll auf Erfolg einzustellen!

> »Das Leben ist wirklich einfach. Finde heraus, was die Menschen wollen, lade sie dazu ein, es von dir zu kaufen, und schreib ihnen eine Rechnung, wenn sie zu dir kommen.«
> STUART WILDE

9. Fang noch heute an, dein Leben zu genießen!

Wenn du ein Wohlstandsbewusstsein in dir verankern willst, solltest du dir unbedingt jeden Abend direkt vor dem Schlafengehen all die guten Dinge in deinem Leben vor Augen führen. Auf diese Weise kannst du Gott oder dem Leben oder dem Universum oder wem auch immer danken und dadurch das kultivieren, was die Amerikaner »eine Grundhaltung der Dankbarkeit« nennen.

> »Mit dem Dank von heute kaufst du dir das Glück von morgen.«
> MICHAEL MCMILLIAN

Die Grundhaltung der Dankbarkeit ist das genaue Gegenteil des Armutsbewusstseins. Wenn du dir angewöhnst, regelmäßig an all die guten Dinge zu denken, die du hast, und dankbar dafür bist, dass du sie hast, dann schickst du deinem Unterbewusstsein eine starke Botschaft von Überfluss und Fülle, die ein stetiges Fließen von finanziellem Überfluss erzeugt.

10. Bleib in Bewegung!

Es wird erzählt, dass sich im alten Tibet alle Mönche einmal in hundert Jahren trafen, um die Gelegenheit wahrzunehmen, auf der Stelle erleuchtet zu werden. Sie brauchten dafür nur den »Raum der tausend Dämonen« zu betreten und lebend wieder herauszukommen. Der Raum der tausend Dämonen war ein pechschwarzer Raum, in dem sich tausend Dämonen befanden, die sich dir in Gestalt deiner größten Ängste zeigten, zum Beispiel als Spinnen, Schlangen oder was auch immer – Hauptsache, es würde dich in Angst und Schrecken versetzen. Die einzigen Regeln bestanden darin, dass du den

Sechster Tag Genügend Einnahmequellen erschließen

Raum nicht mehr verlassen durftest, wenn du ihn einmal betreten hattest und dass niemand kommen würde, um dich zu retten. Außerdem durftest du den Raum nicht wieder durch die Tür verlassen, durch die du hereingekommen warst. Für die paar tapferen Seelen, die bereit waren, sich ihren Ängsten auf dem Weg zu Glück, Erfolg und Erleuchtung zu stellen, gab es diesen Rat:

> *»Gib niemals auf. Gib niemals auf. Niemals, niemals, niemals, niemals. Egal, was es ist – ob groß oder klein, wichtig oder unwichtig –, gib niemals auf, es sei denn aus gutem Grund und ehrenhaften Überzeugungen. Gib niemals der Gewalt nach. Lass dich nie von der scheinbaren Übermacht des Feindes beeindrucken.«*
>
> SIR WINSTON CHURCHILL

Egal, was du siehst, hörst, denkst oder fühlst – hör nicht auf, in Bewegung zu bleiben. Nur wenn du in Bewegung bleibst, gelangst du schließlich ans Ziel!

Mein Lieblingszitat über die Wichtigkeit von Ausdauer stammt von dem amerikanischen Präsidenten Calvin Coolidge:

»Nichts in der Welt kann Ausdauer ersetzen. Talent ist nicht dazu in der Lage, denn nichts ist häufiger anzutreffen als erfolglose Menschen mit Talent. Auch Genialität kann es nicht; verkannte Genies gibt es sprichwörtlich überall. Erziehung und Ausbildung sind ebenfalls nicht dazu in der Lage; die Welt ist voll von gut ausgebildeten Wracks. Ausdauer und Bestimmtheit allein machen alles möglich.«

Abschließende Worte

Zum Schluss des heutigen Tages möchte ich noch einmal daran erinnern, dass wirklicher Reichtum nicht allein durch Geld gemessen werden kann. Fang noch heute an. Mach einen Plan für deinen finanziellen Überfluss, und setze ihn in die Tat um. Nimm die Veränderungen vor, die notwendig sind, und zwar sowohl auf der Ebene deines Bewusstseins als auch in Bezug auf dein Handeln. Wenn du erst einmal anfängst, den Erfolg zu genießen, den du dir wünschst, wirst du zurückschauen und dankbar sein, dass du es getan hast!

Bis morgen,
Paul McKenna

PS: Morgen ist der letzte Tag unseres siebentägigen Kurses. Im Angesicht der Tatsache, dass sich dieses Buch dem Ende neigt, wollen wir uns mit einem angemessenen Thema befassen – nämlich den Geheimnissen, wie man von nun an glücklich und zufrieden leben kann ...

Siebter Tag

Glücklich und zufrieden bis an dein Lebensende

Die Geheimnisse lebenslangen Glücks

Bevor du heute anfängst:

♦ Nimm dir ein paar Minuten Zeit und wiederhole die Übung »Programmiere dein Selbstbild auf Erfolg« auf Seite 39f.

♦ Schau dir noch mal deinen Lebenszweck, deine Werte und deine Ziele vom vierten Tag an.

♦ Verankere dich in Reichtum und Wohlstand, und visualisiere eine Minute lang Überfluss und Fülle.

Stell dir vor, du fühlst dich schon jetzt reich und wohlhabend. Alles Glück, alles Vertrauen und all die Liebe, die du dir jemals erhoffen kannst, befindet sich bereits in dir ...

Lass nun deinen Tag vor deinem geistigen Auge ablaufen. Wie gehst du mit den Menschen um? Wie behandeln sie dich? Was tust du außergewöhnlich gut?

Welchen zusätzlichen Wert hast du heute geschaffen? Wie kannst du ihn noch erhöhen? Wen kannst du mit deiner Arbeit sonst noch erreichen? Wie kannst du kraft deiner Person wirken?

Stell dir zum Schluss vor, wie du dich am Abend, bevor du in einen tiefen, erholsamen Schlaf sinkst, auf den nächsten Tag vorbereitest und dich auf vollen Erfolg programmierst!

Siebter Tag Glücklich und zufrieden

Eines Tages mietete ein wohlhabender Geschäftsmann ein Fischerboot, das ihn für einen erholsamen Tag aufs Meer hinaustragen sollte. Dem reichen Mann gefiel der fröhliche junge Fischer, der das Boot hinaus aus dem Hafen steuerte. »Junger Mann«, sagte der Geschäftsmann, »ich kann Sie die Geheimnisse des Erfolges lehren, wenn Sie mir gut zuhören.«

»In Ordnung«, sagte der junge Fischer und lächelte, während er den morgendlichen Fang ausnahm.

Obgleich ihn die beiläufige Art des jungen Mannes stutzig machte, fing der Geschäftsmann mit seiner Lektion an. »Zuerst einmal sollten Sie die Preise verdoppeln. Sie haben ein gutes, sauberes Boot und wissen, wo die Fische zu fangen sind.«

»Warum sollte ich das tun wollen?«, antwortete der Fischer und schaute einem kleinen Fisch zu, der in den Wellen spielte.

Der Geschäftsmann fühlte eine gewisse Irritation in sich aufkommen, als er antwortete: »Weil Sie sich dann ein zweites Boot leisten können und ein drittes, sodass Sie mehr Fische fangen und mehr Touristen mitnehmen können. Wenn Sie nur hart genug arbeiten, werden Sie genug verdienen, um eine ganze Flotte von Booten finanzieren zu können.«

»Aber warum sollte ich das tun wollen?«, fragte der Fischer und genoss die letzten warmen Strahlen der Nachmittagssonne.

Jetzt wurde der Geschäftsmann wütend. »Weil Sie dann reich werden und Leute einstellen können, die für Sie arbeiten, während Sie nur noch in der Sonne liegen und fischen.«

»Ah«, sagte daraufhin der junge Fischer und nickte weise. »Das klingt gut.«

Zwei Arten von Glück

> »Mir ist klar geworden, dass man sich nicht zu viele Vorstellungen vom Leben machen, sondern es einfach nur leben sollte ... Ich bin glücklich, weil ich täglich wachse, und ich weiß ehrlich nicht, ob es jemals eine Grenze gibt.«
> BRUCE LEE

Meiner Meinung nach gibt es auf der Welt zwei Arten von Glück. An die eine denken die meisten von uns. Sie besteht einfach darin, dass du dich wunderbar in deinem Körper fühlst. Die andere, feinere Form des Glücks ist der Zustand vollkommener Harmonie mit dem Leben, dem Universum, einfach mit allem. Für diesen Zustand hat sich in den letzten Jahren der psychologische Fachbegriff »Flow« (»Fließen«) etabliert, den Mihaly Csikszentmihalyi geprägt hat. Heute lernst du, dein Glück in die eigenen Hände zu nehmen und wie du es schaffst, beide Arten von Glück »willentlich« in deinem Leben zu manifestieren.

Wir im Westen legen in unserer Kultur den Schwerpunkt darauf, Glück durch äußere Mittel zu erreichen. Die meisten Menschen würden den Satz, der anfängt mit »Ich wäre glücklich, wenn ...« mit äußeren Dingen vervollständigen, wie zum Beispiel »... ich eine Million Euro gewonnen hätte« oder »... ich meinen Traumpartner heiraten würde« oder »... ich eine Arbeit hätte« und so weiter. Von Kindheit an wird uns beigebracht, dass uns diese Dinge glücklich machen, aber schon ein kurzer Blick auf die täglichen Nachrichten macht deutlich, dass »die guten Dinge im Leben« nur die eine Seite der Medaille sind.

Siebter Tag Glücklich und zufrieden

Im Osten legen die Menschen traditionell Wert darauf, die Existenzbedingungen so zu akzeptieren, wie sie sind, da wahres Glück sowieso nur im Innern gefunden werden kann. Meiner eigenen Erfahrung nach scheint das östliche Ideal der Wahrheit näher zu kommen, aber da ich im Westen aufgewachsen bin, weiß ich, dass es einfacher ist, glücklich zu sein, wenn die Lebensumstände angenehm sind. Ich persönlich glaube daher, dass ein gewisses Gleichgewicht in dieser Sache angebracht ist.

> *Dies ist die wichtigste Lektion des heutigen Tages:*
> **Glück ist nicht das Ergebnis von etwas, sondern ein bestimmter geistiger und körperlicher Zustand.**

Da du bereits weißt, wie einfach es ist, bestimmte Zustände willentlich zu erzeugen, kannst du auch lernen, den Zustand des Glücks öfter zu erfahren, als du es gegenwärtig tust.

Fühle an dieser Stelle einmal tiefer in dich hinein – wie fühlt sich Glück in deinem Körper an?

Für einige Menschen ist es ein warmes, friedvolles und behagliches Gefühl. Andere beschreiben es als eine Art freudigen Sinn innerer Zufriedenheit. Obwohl ich nicht genau weiß, wie sich Glück für dich anfühlt, so weiß ich doch, dass du dieses Glücksgefühl sofort identifizieren könntest, wenn du es jetzt in deinem Körper spüren würdest.

Wann ist es angemessen, nicht glücklich zu sein?

Viele Menschen lassen es nicht so einfach zu, sich glücklich zu fühlen. Während einige immer noch darauf warten, dass etwas Äußeres geschieht, um sie glücklich zu machen, machen andere sich Sorgen darüber, ob es auch angemessen ist, Glück zu empfinden.

Ich leitete ein Seminar über unsere Fähigkeit, Glück zu erschaffen, als ein Teilnehmer sich mit Tränen in den Augen erhob. »Meine Tochter ist neulich erst gestorben«, sagte der Mann. »Meinen Sie, ich sollte darüber glücklich sein?«

Zuerst erwiderte ich: »Es ist nur natürlich, dass Sie traurig über den Tod Ihrer Tochter sind. Sie fühlen große Trauer, weil sie Ihnen so viel bedeutete, aber meinen Sie, dass Ihre Tochter es wollte, dass Sie für immer traurig sind?« Als er über meine Worte nachdachte, bat ich ihn, an all die guten Zeiten zu denken, die er mit seiner Tochter gehabt hatte – all die Liebe, die er ihr geschenkt und all die Situationen, die sie gemeinsam erlebt hatten. Als ich sah, dass er wieder ganz in diese Erfahrungen eingetaucht war, fragte ich ihn, was sich seiner Meinung nach seine Tochter für ihn wünschte.

Er hielt einen Moment lang inne, und dann zeigte sich zwischen den Tränen ein Lächeln auf seinem Gesicht. Als er schließlich antwortete, konnten wir alle die Liebe spüren, die aus seinem Herzen sprach. Er sagte einfach nur: »Sie würde wollen, dass ich glücklich bin.«

Wir alle haben unsere eigenen »Regeln«, die besagen, wann Glück nicht die geeignete Antwort auf das ist, was um uns herum geschieht. Wichtig ist nur, sich immer wieder daran zu erinnern, dass Glück zuallererst eine bewusste Entscheidung ist. Wie Abraham Lincoln einst sagte: »Die meisten Menschen sind so glücklich, wie sie es sich zugestehen.«

Die Wissenschaft vom Glück

Vor ein paar Jahren hörte ich von einem Arzt in New York, der Drogenabhängigen half, von ihrer Sucht loszukommen, indem er sie in Trance versetzte und ihren Körpern beibrachte, den Drogenrausch in sich selbst zu erzeugen. Nachdem sie die Methode gelernt hatten, waren sie in der Lage, auf natürliche Weise »high« zu werden. Da sie jetzt erkannten, dass es ihr Körper war, der ihnen dieses gute Gefühl schenkte, und nicht die Droge, wurde es für sie immer leichter, sich aus der chemischen Abhängigkeit zu lösen.

Das Ganze geschieht auf folgende Weise:

Jede Droge, die du jemals genommen hast, hatte in deinem Körper eine bestimmte neuro-chemische Wirkung. Diese Wirkung ist der Grund dafür, dass du »high« warst. Mit anderen Worten, es ist nicht die Droge, die dich auf eine bestimmte Weise fühlen lässt, sondern dein Körper, der *in Reaktion* auf die Droge bestimmte Gefühle erzeugt.

Ich war sehr beeindruckt von den Forschungsergebnissen dieses Arztes, aber besonders interessierte mich die Idee, »Glück auf Abruf« erzeugen zu können. Mich interessierte der Prozess, dem Bewusstsein beizubringen, wie es so auf den Körper einwirken kann, dass dieser bestimmte Chemikalien erzeugt, die jederzeit angenehme Gefühle auslösen.

Schon seit Jahrzehnten versuchen Forscher herauszufinden, wodurch eine Droge ihre euphorisierende Wirkung auf die Stimmung hat. Als Dr. Candice Pert noch Studentin war, entdeckte sie das, was sie »Opiat-Rezeptoren« nannte. Sie befinden sich nicht nur im Gehirn, sondern in jeder Zelle des Körpers.

Dr. Pert erkannte, dass diese Rezeptoren auf bestimmte chemische Botenstoffe reagieren, so genannte »endogene Morphine«, allgemein bekannt unter dem Namen »Endorphine«. Endorphine sind die natürlichen Opiate des Körpers, die Neurotransmitter, welche Schmerz kontrollieren und Wohlbefinden erzeugen. In deinem Innern befinden sich also tatsächlich »Glückshormone«!

Natürliche Endorphine werden freigesetzt, wenn du dich körperlich bewegst, Liebe machst, viel lachst oder dich tief entspannst. Du weißt, wie es sich anfühlt, wenn du mitten im Winter in eine heiße Badewanne steigst und ein warmes Wohlbefinden dich durchströmt? Oder wie gut du dich fühlst, wenn du dein Lieblingsessen genießt? All diese Gefühle werden in deinem Körper durch Endorphine ausgelöst.

Aber Endorphine sind mehr als nur die Ursache für gute Gefühle. Da es sich um Neurotransmitter handelt, schaffen sie neue Nervenverbindungen im Gehirn. Jedes Mal, wenn dein Körper Endorphine ausstößt, wirst du ein Stück intelligenter. Und jede Zelle deines Körpers hat Rezeptoren für Endorphine.

Ist das Ganze nicht eine großartige Erfindung? Nicht nur ist jede Zelle in der Lage, Glück zu empfinden – je mehr wir uns dafür entscheiden, glücklich zu sein, desto intelligenter werden wir auch noch!

Siebter Tag Glücklich und zufrieden

Wenn dein Gehirn deinem Körper mitteilen will, dass es Zeit ist, glücklich zu sein, läuft diese Information von Zelle zu Zelle. Eine chemische Botschaft geht von einer Zelle aus, nimmt die Form eines Endorphins an und erzeugt eine Schwingung. Die Nachbarzellen sind begeistert und reagieren in gleicher Weise. Die Botschaft verbreitet sich auf diese Weise wie eine Welle des Wohlbefindens von Zelle zu Zelle. Wenn du also solch eine wohlige Welle verspürst, fühlst du dich deshalb so gut, weil jede Zelle deines Körpers diesen Zustand teilt.

Nachdem ich von dem Arzt gehört hatte, der Drogenabhängigen half, ihre Sucht durch Hypnose zu überwinden, fing ich an damit zu experimentieren, ob das körpereigene Endorphin auch dann ausgeschüttet wird, wenn man sich bestimmte Dinge einfach nur vorstellt. Viele meiner Versuchspersonen fühlten sich nicht nur augenblicklich großartig; es geschah auch gänzlich ohne formelle Hypnose, indem sie einfach nur bestimmte Bilder visualisierten.

Die Menschen fühlten sich auf einmal fantastisch! Ich musste sie einfach nur bitten, sich an Zeiten zu erinnern, in denen ihre Endorphine am Fließen waren, dann Farbe und Helligkeit dieser glücklichen Erinnerungen zu verstärken und sie immer und immer wieder vor ihrem geistigen Auge abzuspulen. Es dauerte nicht lange, und meine Versuchspersonen brachen in Freude aus und fielen oft vor lauter Lachen beinahe vom Stuhl.

Seit damals habe ich Tausenden gezeigt, was sie tun müssen, um diese »Glückshormone« in sich freizusetzen. Neulich teilte mir ein Psychiater mit, wie er diese Technik bei Patienten einsetzt, die an Depression leiden, und wie er so vielen helfen konnte. Lass uns also auf der Stelle glücklich sein …

Gezielt Endorphine freisetzen

1. Erinnere dich an eine Zeit, in der du dich total glücklich gefühlt hast und innerlich vollkommen zufrieden warst. Kehre wieder ganz in diese Zeit zurück, und achte darauf, was du siehst, hörst und wie gut du dich fühlst. (Wenn du dich nicht an eine bestimmte Zeit erinnern kannst, dann stell dir bitte vor, wie viel besser dein Leben wäre, wenn du dich in diesem Moment vollkommen glücklich und zufrieden fühlen würdest.)

2. Mach nun die Farben stärker und heller, die Geräusche und Klänge lauter, und lass es zu, dass sich dein Glücksgefühl intensiviert.

3. Achte darauf, wo sich dieses Glücksgefühl am stärksten in deinem Körper zeigt. Gib ihm eine bestimmte Farbe. Lass diese Farbe dich von Kopf bis Fuß ausfüllen. Verdopple die Helligkeit. Verdopple sie noch einmal!

4. Du kannst dir die Endorphine wie kleine Delfine vorstellen, die in deiner Blutbahn spielen und fröhlich von Zelle zu Zelle schwimmen. Oder fühle den Fluss der Endorphine sich wie einen Strom goldenen Honigs durch deinen Körper bewegen.

5. Wiederhole die Schritte 2 bis 4 mindestens fünfmal. Stell dir immer und immer wieder die Situation, in der du total glücklich bist, in allen Einzelheiten vor. Du kannst dabei immer denselben Glücksmoment benutzen oder dich jedes Mal an einen anderen erinnern.

Als mir dies alles das erste Mal klar wurde, dachte ich: »Fantastisch – jetzt fühle ich mich immer nur noch gut!« Dennoch ist es – wie bei jedem emotionalen Zustand – wichtig, ein Gespür für den Zusammenhang zu haben. Wenn du gerade die Straße überquerst, ist es nicht unbedingt ratsam, dass Endorphine deine Wachsamkeit vernebeln. Wenn du hinter dem Steuer sitzt, möchtest du sicherlich ebenfalls so bei wachem Verstand sein, dass du den Verkehr richtig einschätzen kannst.

Dennoch spricht nichts dagegen, dass du immer dann, wenn die Situation es zulässt, sich wunderbar zu fühlen, von dieser großartigen natürlichen Technik Gebrauch machst.

Selbst hergestelltes Glück

Professor Mihaly Csikszentmihalyi von der Universität von Chicago hat das Glück über dreißig Jahre lang erforscht. Weil er keine Forschungsgelder bekam, das Glück direkt zu untersuchen (dieses Thema wurde für nicht ernsthaft genug für eine wissenschaftliche Untersuchung befunden), untersuchte er das, was er »optimale Erfahrung« oder »Flow« nannte.

Als Ergebnis seiner Untersuchungen identifizierte er acht verschiedene Merkmale, die jede optimale Erfahrung aufweist. Eine optimale Erfahrung war für ihn die Erfahrung von Glück, Freude und Erfüllung im Moment des Tuns, und zwar unabhängig davon, was man gerade tat.

Jedes Merkmal dient als ein potenzieller Glücksauslöser und kann eine normale Situation in eine optimale, wohltuende Erfahrung des Fließens verwandeln. Wenn du die verschiedenen Merkmale nun liest, hast du vielleicht gleich Ideen, wie du sie in deinem Leben umsetzen kannst, um den Zustand des Fließens ab sofort so oft wie möglich zu fühlen.

Die acht Glücksauslöser sind:

1. Klare Ziele

Ein klares Ziel zu haben, fokussiert unsere Aufmerksamkeit und filtert aus einer Welt unbegrenzter Möglichkeiten die Erfahrungen heraus, die es uns ermöglichen, bewusst das wahrzunehmen, was mit uns geschieht, und gezielt darauf zu reagieren.

Der einfachste Weg, um jede Aufgabe in eine potenzielle Erfahrung des Flows zu transformieren, besteht darin, uns in Bezug auf diese Aufgabe ein bestimmtes Ziel zu setzen.

Wenn die Aufgabe nicht sehr anspruchsvoll ist, in einer sich wiederholenden Tätigkeit besteht oder uns einfach nicht interessiert, müssen wir keinen bestimmten Zweck mit ihr verbinden. Die bewusste Absicht, »voll gegenwärtig« zu sein, kann hingegen aus einer langweiligen Autofahrt eine Zen-Meditation machen, und selbst der Abwasch kann zu einer genussvollen Tätigkeit werden, wenn wir ihn mit Energie, Enthusiasmus und einer inneren Einstellung erledigen, als sei er die wichtigste Sache der Welt.

2. Unmittelbares Feedback

Erinnerst du dich noch, wie du als Kind das Spiel »Wärmer-Kälter« gespielt hast? Je näher du an dein »Ziel« – den versteckten Gegenstand – herankamst, desto »wärmer« wurde es; wenn du dich von ihm entferntest, wurde es »kälter«.

Dieses Spiel ist deswegen über alle kulturellen Grenzen hinweg so beliebt, weil das menschliche Gehirn wie eine kybernetische Maschine aufgebaut ist. Das heißt, es funktioniert am besten, wenn es ein klares Ziel hat und ständig Kurskorrekturen in Bezug auf dieses Ziel vornimmt. Um seine volle Kapazität zu erreichen, müssen wir dem Gehirn jedoch ständig Feedback geben, ob wir uns noch auf dem richtigen Weg befinden.

3. Die Fähigkeit, sich auf eine bevorstehende Aufgabe zu konzentrieren

Oft werden geniale Menschen mit Tellerdrehern im Zirkus verglichen, die in der Lage sind, viele verschiedene Aufgaben gleichzeitig zu erfüllen. Dennoch brachten Untersuchungen immer wieder ein Charaktermerkmal zum Vorschein, das in den meisten Fällen die Voraussetzung dafür ist, dass Kreativität und Flow in Erscheinung treten können. Es handelt sich dabei um die Fähigkeit, sich voll auf eine einzige Sache konzentrieren zu können.

Isaac Newton soll auf die Frage, wie er auf die Gravitationstheorie gekommen sei, geantwortet haben: »Du hättest auch darauf kommen können, wenn du deine Zeit dafür genutzt hättest, an nichts anderes zu denken.«

4. Die Möglichkeit, etwas erfolgreich abzuschließen

Ein Schlüssel für eine erfolgreiche Genesung ist Hoffnung – der Glaube, dass die Dinge mit der Zeit besser werden. Wenn wir eine gewöhnliche Erfahrung in ein Erlebnis des »Flows« verwandeln wollen, müssen wir in ähnlicher Weise Gefühle der Hoffnung erzeugen können. Gleichzeitig müssen wir davon überzeugt sein, dass die bevorstehende Aufgabe auch erfolgreich bewältigt werden kann.

Unsere Erfolgsaussichten steigen, wenn wir zielgerichtet denken und handeln. Die bewusste Kontrolle über unser Verhalten erhöht die Wahrscheinlichkeit, dass sich unsere Wünsche erfüllen und wir unsere Ziele erreichen. Wenn wir uns gut vorbereiten, täglich daran arbeiten und andere Menschen an unseren Zielen und Träumen teilhaben lassen, stärken wir unseren Glauben an den Erfolg und machen es damit wahrscheinlicher, dass er real wird. Und indem der Weg zum Erfolg immer klarer und offensichtlicher wird, wächst auch unser Wille, tatsächlich erfolgreich zu sein.

> *»Vertrauen ist schon gezielte Vorbereitung.«*
> RON HOWARD

5. Volles Engagement

Extremklettern hat mich schon immer irritiert. Ich habe mich immer gefragt, warum Menschen so etwas tun. Warum will jemand die gleichen Fähigkeiten entwickeln wie eine Eidechse? Was hat er davon? Zusätzlich verwirrend finde ich, dass es in dieser Sportart nicht darauf ankommt, schnell nach oben zu kommen, sondern darauf, eine möglichst schwierige Kletterroute zu wählen. Ein Kletterer ist mehr am Klettern interessiert als daran, sein Ziel zu erreichen. Aber das ist Teil der Anziehungskraft dieses Sports: Klettern um des Kletterns willen. Viele Kletterer sagen, dass sie nur eine kurze Genugtuung verspüren, wenn sie oben auf dem Felsen angekommen sind. Am liebsten würden sie gleich weiterklettern.

Ein Trainer, den ich kannte, hatte eine interessante »Aufnahmeprüfung« für seinen Fortgeschrittenenkurs: Alle potenziellen Kursteilnehmer mussten eine sehr schwierige Kletterroute bewältigen. Der Trainer teilte den Bewerbern mit, dass er seine Entscheidung erst dann treffen würde, wenn sie oben angelangt wären. Dann versteckte er sich mitten in der Route auf halber Höhe hinter einem so genannten »falschen Gipfel« – das heißt hinter einem Vorsprung, der wie der Gipfel aussah, aber keiner war.

Wenn die Bewerber den falschen Gipfel erreichten, beobachtete er ihre Gesichter in dem Moment, in dem ihnen klar wurde, dass sie noch nicht oben waren, sondern noch ein Stück des Weges vor ihnen lag. Diejenigen, die enttäuscht waren, wurden höflich abgewiesen, aber jene, deren Augen vor Begeisterung strahlten, als sie sahen, dass sie noch weiterklettern konnten, wurden mit offenen Armen in den Fortgeschrittenenkurs aufgenommen.

Nach Csikszentmihalyi ist die optimale Erfahrung das Ergebnis dieser Art »teleologischer« Aktivität – einer Aktivität also, die nicht zielorientiert, sondern an sich befriedigend ist. Wenn wir etwas nicht tun, um dadurch besser auszusehen oder mehr Geld zu verdienen, sondern weil wir es einfach gern tun, dann ist es wahrscheinlicher, dass wir in den Flow kommen und Glück erfahren.

6. Der Verlust der Selbstwahrnehmung

Nachdem sie in meiner Show hypnotisiert worden waren, berichteten viele Menschen, dass sie dadurch das erste Mal in ihrem Erwachsenenleben die Möglichkeit hatten, sich frei von aller Selbstwahrnehmung zu fühlen. Als kleine Kinder befinden wir uns noch alle in diesem Zustand, aber im Alter von ungefähr fünf Jahren fangen wir an, uns durch die Augen der Menschen zu sehen, die um uns herum sind, und uns nach ihren Wertmaßstäben zu beurteilen. Wenn wir uns voll und ganz der Erfahrung des Flows hingeben können, kehren wir wieder in jenen angenehmen Zustand zurück, in dem es viel interessanter ist, was *wir* tun und empfinden, als was andere Menschen über uns denken.

7. Das Gefühl, die Kontrolle zu haben

Eine Studie, über die in der *New York Times* berichtet wurde, unterstreicht, wie wichtig es ist, unsere Lebensumstände selbst bestimmen zu können.

Das Gefühl, die Kontrolle darüber zu haben, was im eigenen Leben passiert, hat weit reichende Konsequenzen für die körperliche und geistige Gesundheit. Wenn man Patienten in der Rekonvaleszenz mehr Selbstbestimmung einräumt, werden sie nicht nur zufriedener und wacher, sondern – und das ist das erstaunlichste Ergebnis einer Studie – auch ihre Sterblichkeitsrate verringert sich über einen Zeitraum von achtzehn Monaten um 50 Prozent.

Die erhöhte Selbstbestimmung wurde durch ganz einfache Veränderungen erreicht, zum Beispiel, dass die Bewohner von Genesungsheimen auswählen konnten, welches Essen sie aßen, wann Telefonanrufe auf ihre Zimmer durchgestellt wurden und wie die Möbel angeordnet sein sollten.

Wenn wir die einfachsten Elemente unserer Umgebung selbst bestimmen können (wo wir sitzen, wie die Dinge auf unserem Tisch angeordnet sind, sogar wohin wir schauen, wenn wir in den Tag hineinträumen), erhöhen wir die Wahrscheinlichkeit, in unserem täglichen Leben glücklich zu sein.

8. Zeitverzerrung (aus Minuten werden Stunden und aus Stunden werden Minuten)

Hast du jemals die Erfahrung gemacht, dass bei bestimmten Tätigkeiten die Zeit schneller oder langsamer verging? Hier sind einige meiner liebsten »zeitverzerrenden« Aktivitäten:

- Einen Sport treiben, der deine volle Leistungsfähigkeit fordert
- Ein spannendes Buch lesen
- Beim Zeichnen genau auf Perspektive, Licht und Schatten achten
- Autofahren in einer schwierigen Situation

> *»Wenn ein Mann eine Stunde mit einem hübschen Mädchen zusammensitzt, kommt ihm die Zeit wie eine Minute vor. Sitzt er dagegen auf einem heißen Ofen, scheint ihm schon eine Minute länger zu dauern als jede Stunde. Das ist Relativität.«*
> ALBERT EINSTEIN

- Beim Tanzen auf Rhythmus und Melodie achten und sich dazu ausdrucksvoll bewegen
- Ein Problem gedanklich hin und her wälzen
- Auf den feinen Unterschied im Geschmack exotischer Lebensmittel achten

Das Gleichgewicht zwischen Herausforderung und Meisterschaft

Jedes dieser acht Merkmale ist ein wichtiger Bestandteil des Glücksgefühls. Wenn du dir deine eigene optimale Erfahrung schaffen willst, gibt es jedoch ein neuntes Merkmal, das vielleicht das wichtigste von allen ist:

Wir erleben den Flow in der Regel dann, wenn die Herausforderungen, vor die wir gestellt sind, und unsere Fähigkeit, sie zu bewältigen, miteinander im Einklang sind.

> *»Vergnügen taucht an der Schwelle zwischen Gelangweilt- und Interessiertsein auf, wenn die Herausforderungen nicht größer sind als die persönliche Handlungskapazität.«*
> MIHALY CSIKSZENTMIHALYI

Glücklicherweise machen die meisten von uns zumindest hin und wieder die positive Erfahrung, wie es sich anfühlt, wenn alles im Fluss ist und sie mühelos die Herausforderungen bewältigen, vor die sie gestellt sind.

Normalerweise ist das Leben ein ständiges Hin und Her zwischen Bewältigung und Herausforderung; ein andauernder Prozess, sich auf neue Erfahrungen einzulassen und das Gelernte und Erreichte zu verarbeiten und zu festigen.

Was müssen wir also tun, damit wir unser Bestes geben können und unser Handeln uns gleichzeitig Spaß macht?

Der Schlüssel zur Beantwortung dieser Frage liegt in dem Wort »Wahrnehmung«. Wenn wir unsere Wahrnehmung (der

Herausforderungen, vor die wir gestellt sind und unserer Fähigkeit, sie zu bewältigen) bewusst steuern, können wir unsere Erfahrung so beeinflussen, dass sie zu optimalen Ergebnissen führt.

Angst in Flow transformieren

Denk an Situationen, Vorhaben oder Tätigkeiten, die dir Angst machen, weil sie so viel von dir fordern, dass du dir nicht vorstellen kannst, sie erfolgreich zu meistern. Es kann sich dabei sowohl um eine geschäftliche Angelegenheit (Vervierfachung deiner Verkäufe im nächsten Monat) als auch um eine private Situation handeln (deine Traumfrau oder deinen Traummann ansprechen und sich mit ihr oder ihm verabreden).

Hier sind zwei einfache Strategien, die dir dabei helfen, deine Gefühle auch dann auf den Flow zu konzentrieren, wenn du panische Angst hast oder dich überwältigt fühlst ...

Bonus-Tipp

Nicht jedes Gleichgewicht kommt auf die gleiche Weise zustande. Forschungen haben ergeben, dass Menschen ihre Erfahrung und Leistung eher dann als »optimal« beschreiben, wenn sich Herausforderung und Fähigkeit zur Bewältigung auf einer hohen Ebene treffen (zum Beispiel Gehirnchirurgie) anstatt auf einer niedrigen (beispielsweise lernen, mit Stäbchen zu essen).

1. Schraube deine Ansprüche zurück

Während uns konventionelle Weisheitslehren empfehlen, nach den Sternen zu greifen, weist die Glücksforschung darauf hin, dass sich eine schier unüberwindliche Herausforderung in ein vergnügliches Abenteuer verwandeln kann, wenn du deine Ansprüche zurückschraubst und dich auf Ziele konzentrierst, die du auch tatsächlich erreichen kannst. Als Richard Bandler die Schießübungen des US-Militärs neu konzipierte, verkürzte er zuerst die Entfernung zur Zielscheibe um die Hälfte. Je größer das Vertrauen und die Fähigkeiten der Schützen wurden, desto mehr wurden die Zielscheiben wieder Schritt für Schritt der ursprünglichen Entfernung angeglichen. Das Ergebnis war, dass die Erfolgsquote in die Höhe schnellte, und zwar in weniger als der halben ursprünglichen Trainingszeit.

Beispiel: Meine Verkäufe vervierfachen. »Ich schraube meine Ansprüche zurück und setze mir kleinere Ziele, zum Beispiel die Verdopplung meines Umsatzes. Nein, das macht mir immer noch zu viel Angst. Wie wäre es, wenn ich nächste Woche einen neuen Kunden gewinne? Ich weiß, dass ich das nicht garantieren kann, aber ich werde pro Tag zwanzig zusätzliche Telefonate führen. Dadurch komme ich immer mehr ins Fließen.«

2. Denk an deine bisherigen Erfolge

Wenn du in deinem Leben bis hierhin gekommen bist, dann hast du wahrscheinlich mehr als nur ein paar Dinge richtig gemacht. Indem du dich auf das konzentrierst, was für dich funktioniert, steigt die Wahrnehmung deiner Fähigkeiten, und parallel mit ihnen erhöhst du die Möglichkeit des Flows.

Beispiel: Deine Traumfrau oder deinen Traummann ansprechen und dich mir ihr oder ihm verabreden. »Hmmm ... Ich mach' so was nicht das erste Mal, und manchmal hat es sogar geklappt! Ich erinnere mich noch daran, dass _____ damals meiner Einladung zusagte, was mich wirklich überrascht hat. Und die anderen Male? Ich bin zwar ziemlich aufgeregt, aber es fühlt sich ganz nach einer positiven Herausforderung an.«

Stell dir die Frage: »Was kann ich jetzt tun?«

Unterschwelliges Glück

Einige Psychologen glauben an etwas, das sie »unterschwelligen Stress« nennen. Mit anderen Worten: obwohl jemand etwas tut, das ihm scheinbar Spaß macht, lauern doch »darunter« versteckte Sorgen und Probleme. Aber anstatt solch einen »unterschwelligen Stress« vorauszusetzen, halte ich es für die bessere Idee, von einem »unterschwelligen Glück« auszugehen: eine Art Gefühl, das allem zugrunde liegt und dir die Gewissheit gibt, dass das Leben es gut mit dir meint und dein Unterbewusstsein alles tut, um dir dabei zu helfen, Schwierigkeiten und Probleme auf positive Weise zu lösen.

Auch du kannst lernen, dich mit diesem Gefühl zu verbinden. Es gibt Abertausende von Menschen, die die-

> *»Das Geheimnis des Glücks liegt nicht darin, das zu tun, was man liebt, sondern das zu lieben, was man tut.«*
> J. M. BARRIE

ses grundlegende und alles durchdringende Glück wahrnehmen. Sie »fließen« dadurch in allen Lebensbereichen – sehr zum Missfallen von Psychologen und Therapeuten, die weiterhin versuchen, die Unmöglichkeit der ständigen Wahrnehmung von Glück und des Flows zu »beweisen«.

In der Vergangenheit haben viele Menschen hart daran gearbeitet, um den Flow in ihrem Leben herzustellen. Es gibt jedoch auch einen leichteren Weg.

Immer wenn du in der Vergangenheit in einem Zustand des Fließens warst, hat dein Unterbewusstsein alle psychologischen und physiologischen Aspekte dieser optimalen Erfahrung gespeichert. Dies ist möglich, weil der Flow ein neurophysiologisches Phänomen ist. Mit anderen Worten, es handelt sich dabei um ein bestimmtes Zusammenspiel von elektrischen Impulsen und chemischen Prozessen in deinem Körper. Körper und Geist haben exakt gespeichert, wie es bei dir zum Zustand des Fließens kommt. Sie wissen daher genau, wie du dieses Glücksgefühl erzeugst.

Wir brauchen also nichts anderes zu tun, als dein Unterbewusstsein aufzufordern, all die Situationen in der Vergangenheit zu suchen, in denen du im Zustand des Flows gewesen bist. Indem das Unterbewusstsein diese Zustände findet und aufzeichnet, kannst du sie immer gezielter für dich nutzen.

Auf diese Weise bist du nach einer gewissen Zeit in der Lage, fast alles mühelos und mit viel Freude zu tun. Du wirst irgendetwas tun und gar nicht wissen, warum du dich so gut fühlst oder warum alles so harmonisch läuft, und es wird immer häufiger geschehen.

Am leichtesten erhältst du Zugang zum Flow, indem du

dich an eine Zeit erinnerst, in der du im Fließen gewesen bist. Denk daran, dass das menschliche Nervensystem nicht unterscheiden kann, ob es sich um eine wirkliche oder nur um eine lebhaft vorgestellte Erfahrung handelt. Du brauchst dich nur daran zu erinnern, wann du glücklich gewesen bist und dieses Gefühl erneut wachrufen. Wenn du dies jeden Tag tust, programmierst du dadurch deinen Geist und Körper, dich immer mehr in den Bereich des Flows zu bringen. Du wirst dann in der Lage sein, die richtigen Dinge zur richtigen Zeit auf die richtige Weise zu sagen, und deine Tage werden immer befriedigender für dich werden.

So, und jetzt lass uns endlich loslegen ...

Versetze dich bewusst in den Zustand des Flows

1. Mach es dir bequem, entspanne dich und schließe die Augen.

2. Erinnere dich an Situationen, in denen du im Zustand des Flows gewesen bist. Achte darauf, was du siehst und hörst und wie gut du dich fühlst.

   Auf diese Weise erzeugst du in dir wieder den Zustand des Flows ...

3. Verstärke diesen Zustand nun: Mach die geistigen Bilder größer, klarer und farbiger, die Geräusche und Klänge lauter, die Gefühle stärker, und verankere dich in diesem Zustand, indem du Daumen und Mittelfinger einer Hand zusammendrückst. *Fortsetzung*

> **4.** Wiederhole das Ganze: Achte darauf, was du gesehen und gehört und wie du dich gefühlt hast.
>
> **5.** Denke nun an eine andere Situation, in der du das Fließen erfahren hast, und geh noch mal durch den ganzen Prozess: Achte darauf, was du siehst und hörst und wie gut du dich fühlst – und zwar so lange, bis du nur noch Daumen und Mittelfinger zusammendrücken musst, um dich in den Zustand des Flows zu versetzen.

Bitte dein Unterbewusstsein, diesen Zustand des Fließens den ganzen Tag über aufrechtzuerhalten. Wenn du anfängst, diesen Zustand immer mehr zu erfahren, werden die Nervenverbindungen in deinem Gehirn, die für den Flow und das unterschwellige Glück verantwortlich sind, immer stärker, bis du den Zustand des Fließens verinnerlicht hast und ständig fühlst.

Das Problem mit dem Vergnügen

Im Laufe der Jahre haben sich zahlreiche Menschen an mich gewandt, die an etwas litten, das ich als »ein Übermaß an Vergnügen« bezeichnen würde. Ich machte sie darauf aufmerksam, dass es einen Unterschied gibt zwischen Vergnügungen und wirklicher »Befriedigung« – das heißt zwischen den Dingen, die im Moment angenehm sind, und den Dingen, die sich erst hinterher gut anfühlen.

Siebter Tag Glücklich und zufrieden

Auf den Punkt gebracht, lautet die Unterscheidung wie folgt:

Vergnügungen geben dem Körper angenehme Empfindungen; wahre Befriedigung jedoch erfreut die Seele.

Bedeutet das, Vergnügungen als solche sind schlecht?

Überhaupt nicht. Aber das Problem mit den Vergnügungen liegt darin, dass sie sich so verdammt gut anfühlen, dass wir versucht sind, sie ganz oben auf unsere Prioritätenliste zu setzen und ihnen nur noch hinterherzujagen. Aber ein bloß angenehmes Leben ist auf Dauer unbefriedigend, denn wirkliche Befriedigung kommt nur zustande, wenn wir uns lohnenden Herausforderungen stellen. Vielleicht riskiert Sir Richard Branson aus diesem Grund immer wieder Leib und Leben in einem Helium-Ballon – weil er erkannt hat, dass zu viel von einem so genannten guten Leben schlecht für ihn ist.

> *»Jedes Herz, das laut und freudig geschlagen hat, hinterlässt einen hoffnungsvollen Impuls in der Welt.«*
> ROBERT LOUIS STEVENSON

Tatsächlich ist es sogar so, dass Vergnügungen um ihrer selbst willen dem wirklichen Glück im Wege stehen. Eine Eidechse würde verhungern, wenn du versuchtest, sie mit der Hand zu füttern, aber sie ist wohlauf, wenn sie ihr eigenes Futter jagen darf. Das Getreide würde auf den Halmen verfaulen, wenn es nicht Wind und Regen ausgesetzt wäre. Wenn du glücklich sein willst, musst du dich sinnvollen Herausforderungen stellen – selbst wenn dies das Letzte ist, wozu du Lust hast!

Wie schaffen wir uns also ein glückliches Leben mit mehr Zufriedenheit?

1. Lass mehr Vergnügen in dein Leben

Diese Aussage scheint dem zu widersprechen, was ich gerade gesagt habe, aber für die meisten von uns hat die Lust auf Vergnügen die Anziehungskraft einer verbotenen Frucht. Das Wort, das in unserer Gesellschaft am häufigsten im Zusammenhang mit Vergnügen benutzt wird, ist »Schuld«. Anstatt uns ständig gegenseitig zu überwachen und daran herumzumeckern, wenn jemand ein heißes Bad im Kerzenschein nimmt und dabei dem Regen lauscht (oder sich mit einem Bier in der Hand ein Fußballspiel anschaut), sollten wir anfangen, uns wirklichen Herausforderungen zu stellen.

2. Entdecke deine Stärken, und setz sie ein

In der Regel fühlen wir uns dann am besten, wenn wir unser Bestes geben, und wir können nur dann unser Bestes geben, wenn wir das tun, was wir am besten können – das heißt, wenn wir unsere Stärken ins Spiel bringen. Während uns herkömmliche Weisheitslehren dazu ermutigen, unsere Schwächen abzustellen, haben Studien über Erfolg und Erfüllung im Leben ergeben, dass wir mehr leisten und zufriedener mit unserer Leistung sind, wenn wir unsere Schwächen akzeptieren und auf unsere Stärken setzen.

Um herauszufinden, welche Stärken du hast, kannst du das benutzen, was Unternehmensberater ein »360-Grad-Feedback« nennen. Bitte die Menschen, mit denen du in den verschiedensten Lebensbereichen zu tun hast, dir mitzuteilen, was sie für deine Stärken halten, bis du allgemeine Merkmale klar erkennen kannst.

3. Stell dir jeden Tag wenigstens eine schwierige Aufgabe
Als Mihaly Csikszentmihalyi seine anfänglichen Studien über »Den Flow und die Psychologie der optimalen Erfahrung« abgeschlossen hatte, wurde er von einem Reporter gebeten, das Wesentliche aus dem zweitausend Seiten umfassenden Forschungsbericht in einer Kernaussage zusammenzufassen. Nachdem er kurz nachgedacht hatte, sagte Csikszentmihalyi:

> »Der glückliche Mensch löst jeden Tag mindestens eine schwierige Aufgabe.«

Auf den ersten Blick mag es merkwürdig erscheinen, das Kapitel über Glück mit dem Hinweis abzuschließen, wie wichtig es ist, sich immer wieder gezielt Herausforderungen zu suchen. Aber das Leben als solches versucht uns ständig, diese Lektion beizubringen.

Lillian Galbraith, Pionierin auf dem Gebiet der Produktivität und eine der außergewöhnlichsten Frauen des 20. Jahrhunderts, wurde einmal gefragt, was sie im Alter so lebendig und vital halte. Sie antwortete: »Jeden Morgen bitte ich Gott, dass mein Tag voller Schwierigkeiten und Herausforderungen sein wird. Und jeden Abend danke ich ihm dafür, dass er mein Morgengebet erhört hat.«

Wenn du in deinem eigenen Leben nach lohnenden Herausforderungen Ausschau hältst, solltest du dir im Klaren darüber sein, dass die optimale Erfahrung dann möglich wird, wenn du dich im inneren Gleichgewicht befindest und gleichzeitig deine Fähigkeiten voll einsetzen kannst – wenn du also total engagiert bist und die Herausforderung dich nicht überwältigt.

Herzlichen Glückwunsch, du hast es fast geschafft! Im abschließenden Kapitel werde ich dir noch ein paar Hinweise geben, wie du die Veränderungen, die in den letzten sieben Tagen begonnen haben, aufrechterhalten und weiter ausbauen kannst.

Bis dann,
Paul McKenna

Ausblick

Verändere dein Leben Woche für Woche

An der Universität war Einschreibungstag, und der junge Mann war dabei, den nächsten Schritt im Abenteuer des Lernens zu tun, in das er schon so lange verwickelt war, dass es keinen Anfang und kein Ende zu haben schien. In seinem Geist ratterten all die Möglichkeiten, die vor ihm lagen. Er war so gedankenverloren, dass er den alten Mann vor sich erst bemerkte, als er direkt in ihn hineinlief.

»Es tut mir Leid, Professor«, sagte der junge Mann verlegen.

»Oh, ich bin kein Professor«, antwortete der alte Mann. »Ich bin hier, um mich einzuschreiben, genau wie du.«

»Aber wie alt sind Sie?«, fragte der junge Mann, sichtlich verblüfft.

»Ich bin 73«, sagte der alte Mann mit funkelnden Augen.

»Und was studieren Sie?«, wollte der junge Mann nun wissen.

»Medizin. Ich wollte schon immer Doktor werden, und nun ...« Der alte Mann hielt inne, als ob er sich an etwas aus der fernen Vergangenheit erinnerte. »Nun bin ich endlich bereit, meinen Traum zu verwirklichen!«

Der junge Mann konnte es nicht fassen. »Ich will Ihnen ja nicht zu nahe treten, aber die Ausbildung bis zum Arzt dauert mindestens sieben Jahre. In sieben Jahren werden Sie achtzig sein!«

Der alte Mann legte die Hand auf die Schulter des jungen Mannes und schaute ihm direkt in die Augen. »Wenn Gott es so will«, lächelte der alte Mann, »werde ich achtzig Jahre alt sein, ob ich meinen Traum verfolge oder nicht.«

Ausblick

Die Macht der Suggestion

In meinen Hypnose-Vorführungen suggeriere ich den Menschen auf der Bühne etwas, wenn sie wieder aus der Hypnose erwacht sind. Noch lange nachdem sie glauben, ihre Mitwirkung an der Vorführung sei beendet, legen sie jedes Mal, wenn ich ein bestimmtes Wort sage oder eine bestimmte Redewendung benutze, das Verhalten an den Tag, das ich ihnen suggeriert habe.

In diesem Buch habe ich dir nicht nur »suggeriert«, wie du dein Leben veränderst, sondern wie du diese Veränderung auch in den vor dir liegenden Wochen, Monaten und Jahren weiterführen kannst. Einige dieser Suggestionen waren sehr direkt – das heißt, sie sind dir beim Lesen schon als solche aufgefallen. Andere jedoch waren eher indirekt – das heißt, sie waren in den Text eingebettet, um sie direkt an dein Unterbewusstsein zu schicken. Sie waren so konzipiert, dass sie durch die natürlichen Geschehnisse im Alltag ausgelöst werden können.

Du solltest Folgendes wissen:

Jede einzelne dieser Suggestionen unterstützt dich darin, dir das Leben deiner Träume zu erschaffen, einschließlich der Wünsche, die dir bislang noch gar nicht bewusst sind ...

Um dir den dauerhaften Erfolg zu erleichtern und ihn zu bekräftigen, habe ich das folgende tägliche Erfolgstraining konzipiert. Es sind dieselben Übungen, die ich jeden Morgen mache, um mich auf einen wundervollen Tag vorzubereiten. Ich schlage dir vor, dass du diese Routine in der nächsten Woche genau so umsetzt, wie ich sie für dich entworfen habe. Wenn du mit den Techniken, die ich dir in diesem Buch vorgestellt habe, vertrauter bist, kannst du damit beginnen, die hier aufgeschriebenen Übungen durch andere zu ersetzen. Wenn du dir die Zeit nimmst, dein Bewusstsein mit positiven Suggestionen zu füttern, werden deine Energie und deine Motivation zunehmen, und du wirst glücklicher und stärker werden. Dein ganzes Leben wird sich verbessern, und du wirst immer kreativer werden ...

> **Dein tägliches Erfolgstraining**
>
> 1. Nimm zu Beginn drei tiefe Atemzüge. Fühle jedes Mal beim Einatmen, wo sich Anspannung und Stress in deinem Körper befinden. Lass diese Anspannung und diesen Stress beim Ausatmen los, und entspanne dich immer mehr in einen angenehmen, friedlichen Zustand hinein.
>
> 2. Stell dir die Qualitäten deines authentischen Selbst vor, und male dir aus, wie du dich als dieses authentische Selbst den Tag über verhältst. Wiederhole diese Übung so oft, bis es dir leicht fällt, dir all das vorzustellen.
>
> 3. Schau dir nun deine fünf wichtigsten Werte an. Nimm dir einen Augenblick Zeit, um wirklich in sie hineinzufühlen, und lasse deinen Geist dann durch den bevorstehenden Tag wandern. Jedes Mal, wenn du dies tust, programmierst du dich auf einen wunderbaren Tag!

Ausblick

> 4. Benutze das innere Lächeln, um die Ausschüttung der Endorphine zu aktivieren. Lächle in jeden Körperbereich hinein, und fühle dich immer besser und besser und besser.
> 5. Vergegenwärtige dir deinen großen Traum. Bitte dein Bewusstsein, dich in Gedanken, Wort und Tat zu führen, sodass du genau die Dinge sagst und tust, durch die du deinen Traum zum Wohle aller Beteiligten verwirklichen kannst.
> 6. Wofür bist du in deinem Leben besonders dankbar? Konzentriere dich mindestens 1 Minute lang auf all die guten Dinge, die du bereits hast, sowie auf all das, was es an Positivem in der Welt gibt.
> 7. Beende die Übung, indem du erneut drei tiefe Atemzüge nimmst. Stell dir vor, dass du dich beim Einatmen mit Energie füllst und sie beim Ausatmen noch verstärkst.

Wenn du genug Übung hast, brauchst du für diese Routine nicht mehr als 5 Minuten. Dennoch empfehle ich dir, wenn es möglich ist, dir mindestens 15 Minuten Zeit zu nehmen, um dich wirklich auf den Tag vorzubereiten. Wie es Mahatma Gandhi mitten in seinem Kampf für ein freies und selbstregiertes Indien einmal sagte:

> »Ich habe heute so viel zu tun, dass ich doppelt so lange meditieren muss.«

Wie gut wird es werden?

Da wir uns nun dem Ende des Buchs nähern, möchte ich gern über die Zukunft sprechen. Vielleicht erinnerst du dich, dass ich zu Beginn davon gesprochen habe, dass wir in einer wirklich aufregenden Zeit in der Geschichte dieses Planeten leben. Heutzutage gibt es mehr Informationen zu verarbeiten, mehr zu lernen und mehr Lebensmöglichkeiten auszuprobieren als jemals zuvor.

Während sich die Veränderungen immer schneller vollziehen, ist die kreative Technologie in der Lage, sich unaufhörlich zu verbessern und neu zu erfinden. Vor hundertfünfzig Jahren ermöglichte es der Telegraf, Botschaften schnell über weite Entfernungen zu schicken. Dreißig Jahre später wurde das Telefon erfunden, und auf dem Fuße folgten die Erfindung von Tonaufzeichnung, Radio, Fernsehen, Fax und schließlich E-Mail. Wir können inzwischen in Sekundenschnelle rund um den Globus kommunizieren. Etwas geschieht an einem Ende der Welt, und wir können es am anderen Ende auf unseren Fernsehbildschirmen verfolgen. Wir können das Internet benutzen und dadurch gleichzeitig am Geschehen teilnehmen. Die Augen und Ohren unserer Telekommunikation sind zu den Augen und Ohren der Menschheit geworden.

Der Geist ist mehr als je zuvor die vorherrschende kreative Kraft auf diesem Planeten. Unsere Gedanken sind mächtiger, als sie es jemals waren, und angesichts der exponentiellen Entwicklungen im technologischen Bereich wird es in naher Zukunft sicherlich noch viele erstaunliche Veränderungen geben.

Einige Wissenschaftler sind der Ansicht, dass wir in den

nächsten paar Jahren in der Lage sein werden, Krebs zu heilen. Wir werden Medikamente haben, die unsere Intelligenz erhöhen sowie kryogenetische Konservierung und genetische Kontrolle der Alterung. Virtuelle Realität, Genmanipulation und Entwicklungen in der Nanotechnologie werden einen Nutzen mit sich bringen, den wir uns heute noch gar nicht vorstellen können, denn was heute noch Science-Fiction ist, ist morgen schon wissenschaftliche Tatsache. Auch wenn es vielen nicht bewusst ist, wir befinden uns vor einem gewaltigen Sprung der menschlichen Evolution.

Und um diesen Sprung zu schaffen, brauchen wir eine radikale Veränderung unserer Werte und Glaubenssätze. Anstatt weiterhin Erfüllung in der Außenwelt zu suchen, was dazu geführt hat, dass wir selbstsüchtig geworden sind und viel zu sehr miteinander konkurrieren, sollten wir mehr Befriedigung im Innern finden. Ich glaube, dass uns ein neues Zeitalter der »Psycho-Technologie« bevorsteht. Die Menschen werden sich immer mehr Methoden der Art aneignen, wie du sie in diesem Buch kennen gelernt hast, um in jedem Gesellschaftsbereich positive Veränderungen herbeizuführen.

> *»Die Analphabeten des 21. Jahrhunderts werden nicht die sein, die nicht lesen und schreiben können, sondern die, die nicht fähig sind zu lernen, zu verlernen und neu zu lernen.«*
> ALVIN TOFFLER

Der Wohlstand eines Landes hängt heute nicht mehr von seinen natürlichen Rohstoffen ab. Stattdessen sind es Ideen und ihre Umsetzung, die Wohlstand erzeugen. Die wahre Quelle für allen Reichtum existiert in unserem Geist, und wer die besten Ideen hat, wird den größten Wohlstand in der Welt schaffen. Denk für einen Moment darüber nach – du besitzt das wertvollste und mächtigste Rüstzeug der Welt genau zwischen deinen Ohren!

Du hast in den letzten Tagen gelernt, dein Gehirn für dich selbst zu nutzen. Diese positive Software wird Tag für Tag immer mehr nützliche Resultate zeigen. Die Tatsache, dass du in deine eigene Weiterentwicklung investierst, unterscheidet dich von der großen Masse. Diese Entscheidung wird dein Leben immer mehr bereichern, denn das Leben ist nur dann interessant, wenn du es für dich interessant gestaltest. Wenn du die Übungen in diesem Buch machst und die Verantwortung für dein Denken und deine Wahrnehmung übernimmst, stellst du dich an die Speerspitze unserer Kultur. Du wirst zu einer wegweisenden Persönlichkeit, und die Entscheidungen, die du triffst, werden von immer größerer Bedeutung sein.

Während du deine Reise zum Leben deiner Träume fortsetzt, möchte ich mich von dir mit einem buddhistischen Segensspruch verabschieden:

Mögest du sicher und beschützt sein

Mögest du glücklich und friedfertig sein

Mögest du gesund und stark sein

Mögest du dein Leben mit Leichtigkeit und Würde tragen

Bis irgendwann einmal wieder,
Paul McKenna